国家出版基金项目
NATIONAL PUBLICATION FOUNDATION

中國通貨膨脹論

楊培新◎著

山西出版傳媒集團
山西人民出版社

圖書在版編目(CIP)數據

中國通貨膨脹論 / 楊培新著. —太原: 山西人民出版社, 2015.4
(近代名家散佚學術著作叢刊 / 許嘉璐主編)
ISBN 978-7-203-09014-4

Ⅰ. ①中… Ⅱ. ①楊… Ⅲ. ①通貨膨脹 – 研究 – 中國 Ⅳ. ①F822.5

中國版本圖書館 CIP 數據核字(2015)第 072586 號

中國通貨膨脹論

主　　編　許嘉璐
編　　者　楊培新
責任編輯　秦繼華

出 版 者　山西出版傳媒集團·山西人民出版社
地　　址　太原市建設南路 21 號
郵　　編　030012
發行營銷　0351-4922220　4955996　4956039
　　　　　0351-4922127(傳真)　4956038(郵購)
E-mail　sxskcb@163.com　發行部
　　　　　sxskcb@126.com　總編室
網　　址　www.sxskcb.com

經 銷 者　山西出版傳媒集團·山西人民出版社
承 印 廠　山西出版傳媒集團·山西人民印刷有限責任公司

開　　本　700mm×970mm　1/16
印　　張　11.25
字　　數　112千字
印　　數　1—3000冊
版　　次　2015年4月　第1版
印　　次　2015年4月　第1次印刷
書　　號　ISBN 978-7-203-09014-4
定　　價　28.00圓

《近代名家散佚學術著作叢刊》編委會

出版說明

近代名家散佚學術著作叢刊選取一九四九年以後未再刊行之近代名家學術著作共一百二十册，編例如次：

一、本叢書遴選之著作在相關學術領域具有一定的代表性，在學術研究方向、方法上獨具特色。

二、爲避免重新排印時出錯，本叢書原本原貌影印出版。影印之底本皆經專家組審定，原書字體大小、排版格式均未做大的改變，原書之序言、附注皆予保留。

三、本叢書分爲八大類，以作者生卒年編次。

四、爲使叢書體例一致，本叢書前言後記均采用繁體字排版。

五、個別頁碼較少的版本，爲方便裝幀和閱讀，進行了合訂。

六、少數學術著作原書内容有個別破損之處，編者以不改變版本内容爲前提，部分進行修補，難以修復之處保留缺損原狀。

七、原版書中個别錯訛之處，皆照原樣影印，未做修改。

八、所選版本之抽印本頁碼標注，起始至所終頁碼均照原樣影印，未重新編排標注新頁碼。

由於叢書規模較大，不足之處，殷切期待方家指正。

總序／

披沙瀝金，以爲鏡鑒

◇許嘉璐

多年來有一個問題始終在我腦中盤桓：爲什麽在十九世紀末到二十世紀初，在短短的幾十年裏，中國的各個學術領域竟涌現了那麽多大師級的人物？這是中國近代史上一個極爲重要的現象，我認爲，如果不能給出令人滿意的答案，我們撰寫的近代學術史將是不完整的，甚至是缺乏靈魂的。後來我知道，著名人類學家克羅伯曾提出過一個問題：爲什麽天才成群地來？看來這種現象的出現並非中國所獨有，思考其所以然的也大有人在。而在那一次世紀之交中國的情况，似乎應驗了「天才成群地來」這個令克氏久久不解的疑問。錢學森先生曾從相反的方向提出了相同的疑問：爲什麽我們這個時代出現不了杰出人才？後來人們稱這個問題爲「錢學森之謎」。

要回答這些疑問不是件容易的事。與其迅速地囫圇地探尋，不如先多了解那些讓中國近代學術（應該包括人文科學和自然科學）史上閃耀着光輝的大師們的作品和自述，從而在腦海里盡量「復原」他們所處的環境和在那種環境下的心理路徑，從中或許可以得到一些啓示。

有一點是顯然的，這就是他們雖然都已遠離塵世而去，但是他們獨立思考的品性、求知治學的真誠、困厄窮愁中對節操的堅守，恐怕是他們共同的主觀因素，一直影響到現在，而且將會永遠留存下去。

就思想界、學術界而言，二十世紀上半葉是一個新説和舊説碰撞，中學和西學融匯的大時代。那時的學人極爲重視言行操守，同時具備現代知識分子的理想信念；他們的學術研究十分純净，絶少功利因素；他們的視界開闊，以包容的心態和嚴謹的風格造就了成果的大氣與厚重。至於在客觀因素一面，他們實際是在用工業化時代的事實解説着太史公所説的名山之作「大抵聖賢發憤之所爲作」，困厄苦難使得他們「皆意有所鬱結」。這種鬱結，幾乎和個人的名利毫無牽涉，他們永遠不能釋懷的，是民族的存亡、國運的興衰、民衆的福禍和文脈的續斷。

那個時代也是近代歷史上最大規模的中西古今學術調適、創新的時期，學術方法上的交互滲透和融合、創新亦可謂「於斯爲盛」。斯時之學人是要在封閉的屋墻上鑿出窗子的勇士，是使人能够看看外部世界的第一批導夫先路者；或者可以説，他們是在「意有所鬱結」時「彷徨」和「吶喊」的「狂人」。

相對於那時的哲人們，後來者是幸運兒。現在的形勢是，近三十年來學界空前繁榮，衆多學科有了長足之進，其中很重要的一點是學界有了更新穎、更廣闊的國際視野，似乎接續上了百年前的學壇盛事。但細想想，「古」與「今」還是有差别的。其异，主要不在於世界情勢、學術進展、工具改善這些客觀存在，而在於在廣泛吸收各國優長的同時，自身文化的主體性越來越受到重視，換言之，「拿來主義」已經延長了「拿來」的程序，加上了試用、甄别、篩選、吸收、融合、成長。就我孤陋所見，在當今地球上，面向所有異質文明，努力汲取我之所缺，其範圍之大和心態之切，似乎無出中國之右者。從這個角度説，我們已經超越了前輩。但是事情還有另外一面，學術，特别是人文學科，其職業化、「沙龍化」和功利性，以及隨之而來的浮躁病却嚴重了。從這個角度説，是不是我們已經後退得够可以的了？而這是不是我們這個時代出不了大師的原因之一呢？

民國學術界的特點之一是極爲注重對傳統的反省、批判與繼承。他們對傳統文化盡最大的努力進行整理和研究。一方面，由於戰亂頻仍，民不聊生，學者們擔起了讓中華文化薪火相傳的歷史責任；另一方面，他們要通過對中國傳統文化的整理、挖掘來重振民族自信心。這一時期對傳統文化進行整理的全面而深入是前所未有的，舉凡文字學、語言學、經濟學、法學、哲學、政治制度、書法繪畫、金石學……規模之宏大，研究之精微，令人嘆爲觀止。

民國學術推動了現代學科體系的建立。在對傳統文化整理和研究的基礎上，吸收西方的文化思想和理念，推動和建立了中國現代學科體系。例如，在對語言文字和音韵學成果進行整理、研究的基礎上開始着手規範之，建立了國語學；深入研究書法、國畫，將其融入了現代美術學科；在廢除舊有學制後逐步建立起小、中、大學較完整的科目和學科體系。

民國學術也改變了傳統學術方式，建立了新的研究範式。以現代科學考古爲發端，科研的實踐和成果使中國知識界真正認識到在實驗、比較基礎上的邏輯分析對學術研究的重要，推進了中國學術的一大演變。至於我們常説的打破士大夫傳統、走出書齋到田野鄉村和市民中進行調查研究、結束了經學時代、以歷史眼光檢視儒學和諸子等等，都是確立新學術範式的努力。這一轉變，也標誌着中國學術界脱胎换骨，全面進入了現代，爲此後的學術發展奠定了堅實的基礎。當然，西方啓蒙運動以來，在「現代性」和「現代化」裏潜伏着的缺陷和謬誤也傳到了中國，這些不能不在前哲的著作裏留下痕迹。這並不奇怪。類似的情況，古往今來孰能免之？猶如今天的我們，誰敢自稱我之所見就是永恒的真理？在這個問題上兩個時代所異者，或許就在昔時大家創立新説或譯註西學著作，往往是懷着對學術和前哲的敬畏而爲之，故而常常誤不在我；當今則往往出於對學問和他人的輕蔑，或以所研究的對象爲謀己的工具，因而難辭主觀之咎吧。翻閲他們的心血之作，這些復雜的狀況可以顯見，可以視之爲我們的一面鏡子。

滄海桑田，世事變幻，歷史的動盪和時代的遮蔽，使當年許多大師的一些極有價值的學術著作被棄於故紙堆中，不能不令人有遺珠之憾。爲此，山西人民出版社不惜以數年之艱辛，披沙瀝金，編輯出版這套近代名家散佚學術著作叢刊，凡一百二十册，計文學、史學、政治與法律、美學與文藝理論、民族風俗、宗教與哲學、經濟、語言文獻共八大類別。所選皆爲作者之純學術著作，無論是其見解、精神，抑或是其時代烙印，都是後輩學人可資借鑒的寶貴財富。他們出版這套叢書，意在讓世人不忘來程，知篳路藍縷之不易，爲民族文化的傳承再增薪木。

出版社的初衷，與我近年來所思所慮近似，故願略述淺見於書端，以與策劃者、編輯者和讀者共勉。

二〇一四年七月六日

改定於自安東回京途中

前言／精神、历史与事实

◇樊綱

中國古代不乏有趣和重要的經濟思想，但是就形成知識體係的理論或「學説」而言，中國現代經濟學的發展是從嚴復一九〇一年引進翻譯出版英國人亞當·斯密的國富論（一七七六）（當時譯爲原富）開始的。就是説，是從學習西方開始的。也屬於一個落後國家學習與追趕發達國家過程的一個組成部分。

從原富出版（以至更早時期天演論的翻譯和出版），到辛亥革命前後至五四運動時期，中國應該説是發生了第一次思想解放的進程，也就是中國的啓蒙運動，學習研究西方發達國家的科學技術、政治社會理論和人文思想，進入了一個新的時期。在大約半個世紀的時間裏，「大師」成批地出現，進入了一個學術研究的繁榮時期。除了大量翻譯西方的著作，中國人自己的經濟學研究力量也逐步形成，並逐步運用現代的理論和方法，來研究中國的社會、中國的經濟，用現代方法進行的實地調查研究，也多有發生。雖然有連續不斷的内戰和抗日戰爭，學術研究却仍在繼續，陸續出版了許多專著和論文。我們這些在「文化大革命」後才進入學術領域的後人經常會好奇：那麽一個戰亂的時代，那些前輩怎麽還在做研究？怎麽還能做研究？每當看到一本那個時代出版的泛黄的「故紙」，一定是仰慕之情油然而生。

也許正是因爲戰亂，因爲當時的落後與貧窮，許多著作出版了，又散落了。有的没有得到應有的傳播，有的研究被打斷，無法産生大的影響。現在山西人民出版社將一些不大爲人所知和没有再印的散佚經濟學著作收集出版，既是拯救，也是發揚。用現在的眼光看，有的著作也許「淺顯」，但這些著作的價值和從中我們可以學到的，其實首先在於以下的一些東西：第一是精神，那種不求世俗功利，出自好奇心在亂世中探索真理的風骨；第二是歷史，我們中國人的思想史，我們現在學的這些東西是如何從外面舶來而在中國的土壤上生根和發展的；第三是事實，是那一輩學者在艱苦的環境下記録下來的當時和以往的事件與史料，這些已經不可復得，但却是我們在研究近現代中國經濟發展的整個進程時不可或缺的。

一代人有一代人的使命，也有一代人的局限。翻閲古籍，令我們思考我們能爲這個國家、這個民族、這個世界留下哪些遺産，我們的後輩將如何評價我們？

二〇一四年八月二十一日寫於深圳

作者簡介

楊培新，生平不詳。

馬序

吾友楊培新先生近著『經濟新聞讀法』一書，內容豐富，凡對於經濟問題有興趣者咸欲各執一本，以先讀爲快。惟近來各種經濟問題，正在變動中，且變動頻仍，令人莫名其究竟，莫名其將來，一切計劃，均被破壞；預算收支失其平衡，商賈出入，明盈暗虧；工業凋敝；農村破產；萑苻遍地，天怒人怨。誰爲爲之，孰令致之。上帝有靈，曷勿速遣天兵神將把所有好戰惡魔悉數殲滅乎？今日如野馬狂奔的物價，使吾人終日血汗之所出，不得一飽；逼煞人的高利貸，使正當工商業，無法續命，調整不完的外匯，促外貨如潮湧入，陷出口業於絕境；投機囤積，所在皆是，成功必於斯，失敗必於斯，幾與人民生活結不解之緣。然投機保值，囤積居奇，雖極普遍，卒未能增產於毫末，不過狡黠者，可以藉此吮吸窮苦無告的老百姓之脂膏，結果演成貧富階級的對立。國共之戰，即階級對立之具體化，兵連禍結，永無寧日，而民主式的白色帝國主義，猶虎視眈眈，在旁竊喜，眞如鷄鶩在庖廚中爭食，當其自鳴得意之時，而磨刀霍霍者，已睥睨於其旁，天下可痛可悲之事，莫有過於此者矣，長此以往，中國之將降爲殖民地也無可置疑。楊培新先生有鑒乎此，特添著『中國通貨膨脹論』一書，就以上所述各點，分章檢討，卒歸因於通貨膨脹，而通貨膨脹之癥結，乃在於內戰，可謂一針見血，且所見與鄙人如出一轍，眞所謂人同此心，心同此理。

民國三十六年五月十日馬寅初序於上海永嘉路蓉園

目次

第一章　天文學數字的法幣

一　戰前的和緩性通貨膨脹

中國流通的紙幣，在實施法幣政策之前，分爲二種：一是中中交農四行所發鈔票，一是商業銀行所發鈔票，這些鈔票，當時都可以換成銀元。其發行數字如下：

四行鈔票流通總額	四五七（百萬元）
其他十二個商業銀行鈔票	二三四
合　計	六八一

法幣政策打下了通貨膨脹的基礎

民國廿四年實施的法幣政策，打下了通貨膨脹的基礎。法幣爲無限法償貨幣，完糧納稅必須用它，銀錢交易也得用它，它是強迫使用的。又規定了無限制買賣外匯，但實際上並未指定有多少外匯基金，而且並不能够持法幣去兌取生金生銀出口。由此看來，法幣並非銀行鈔票，而是政府鈔票，法幣正好是不兌現的紙幣。

戰前紙

自廿四年十一月三日（法幣政策開始實施之日）至廿六年七七以前，法幣發行數量幣膨脹猛增爲十四萬萬，即增加三倍許。其原因，起初爲收回銀元，必須增發。原來當時銀元數約達十七萬萬元，實際上經常流通者約十萬萬元。後來增發的紙幣漸漸加多，超過了原來的銀元數。

抗戰以前四行法幣發行額統計

年　月	數額	指數
二十四年十一月三日	四五七（百萬元）	一〇〇
二十四年十二月	六七三	一四八
二十五年六月	九四八	二〇七
十二月	一、二四二	二七三
二十六年六月	一、四〇七	三〇八

顯然的，在戰前通貨已經開始膨脹，因爲南京政府財政赤字的巨大，法幣已漸運用來填補赤字。當時外匯價格因爲英美的支持，尙無顯著變動，但物價已開始上漲，紗廠等工業，因爲物價上漲已有獲利，和緩通貨膨脹下的景氣已出現。同時職工薪俸實值已開始減低。如果沒有抗戰，通貨膨脹也要開始了。因此，戰前時期，我們可以說是和緩的通貨膨脹時期。

二　抗戰以來通貨膨脹的一般情勢

抗戰期間及戰後的通貨膨脹

廿六年七月七日抗戰爆發，由於中央政府沒有正確的財政政策，沒有眞正執行有錢出錢的政策，法幣增發逐漸成爲籌措戰費的主要方式，於是通貨膨脹中最烈的紙幣膨脹開始了。

抗戰期間通貨膨脹統計：

年　月	筆者所得材料統計	財部統計處楊壽標所作指數
廿六年六月	十四億	一〇〇
十二月		一一三
廿七年六月		一三三
十二月	廿三億	一六四
廿八年六月		二一三
十二月	四十二億	三〇五
廿九年六月		四三一
十二月	七十八億	三〇五

三十年六月		七六三
十二月	一百五十億	一、〇七六
卅一年六月		一、七七三
十二月	二百四十億	二、四四二
卅二年六月		三、五四四
十二月	七百五十億	五、三五七
卅三年六月		八、七二五
十二月	一千九百億	一三、四六四
卅四年六月	四千億	二六、二八九

卅四年八月日寇投降，抗戰勝利。但是對外戰爭的通貨膨脹方告結束，對內戰爭的通貨膨脹反趨激烈。這才開始了最嚴重的通貨膨脹。

內戰期間通貨膨脹統計：

年　月	筆者所得材料統計
卅四年八月中旬	五千億
卅四年十二月	一萬億

卅五年六月	二萬五千億
卅五年十二月	三萬八千億
卅六年七月	十一萬八千億

內戰期間通貨膨脹是最劇烈的通貨膨脹，較之戰前和抗戰時期，作更急速的發展。這正與第二次歐戰後德國通貨膨脹的情形相似，卽是通貨的崩潰性的膨脹不在戰時，而在戰後。

抗戰期間通貨膨脹的三個階段

抗戰期間的通貨膨脹的手續是這樣的：首先是因爲政府支出的龐大，收入不够支出，政府便向四個國家銀行借錢，這是戰爭信用膨脹，四行爲了應付賒借，加緊發鈔，這便是紙幣膨脹。這種紙幣膨脹，便引起了物價上漲和匯兌貶值。

抗戰期間紙幣膨脹可以分成幾個階段：

慢進的通貨膨脹時期　自民廿六年到廿七年底，發行指數由一百升至二十七年的一百六十四。這期間因爲內地法幣流通區域的推廣，許多不用法幣的地方用法幣了，所以未見顯著的膨脹。抗戰初起，曾經發行五萬萬元救國公債，並增加捐稅，財政方向上原無大誤，因此這一期間的通貨膨脹是最輕微的了，只增加一·六倍。

通貨膨脹轉劇時期　自廿八年至三十年底，發行指數由一百六十四，躍爲一千零七十六。這時期由於沿海失守稅收減少，同時政府當局對於時局有短期解決的幻想，認爲不妨暫行發鈔。廿九年發鈔增加尤著。結果發鈔增加了近七倍。

通貨膨脹狂烈時期　自三十一年到三十四年八月抗戰勝利爲止，指數由一、〇七六，增至三十四年六月的二八、二八九，增加二十七倍。這時期當局本想增加收入，減少赤字，便推行田賦征實，統稅征實，貨物專賣，甚至湖北推行物物交換，但因此反而顯得法幣不值錢，自壞法幣基礎。同時這一征實，除了貶低人民生活，便利貪污外，政府所得的實惠並不多，故財政赤字並未減少，膨脹仍然加劇。

這三個時期，法幣發行每年增加的統計如下：

抗戰期間法幣發行增加趨勢表

年月	較上年增加百分比	平均
二十六年十二月		
二十七年十二月	四〇·六	四〇·六
二十八年十二月	八五·九	八七·二
二十九年十二月	八三·六	
三十年十二月	九二·二	
三十一年十二月	一二六·九	

三十二年十二月	一二九・三	一三二・五
三十三年十二月	一五一・三	

這就是說，至廿七年底，平均每年法幣要加發百分之四十點六，廿八年起至卅年止平均每年增加率增爲八十七點二，三十一年以後漲勢增加至一百三十二點五，每年對翻一倍以上。

三　抗戰期間反通貨膨脹的鬥爭

通貨膨脹劇化前夕

抗戰爆發以後，財政支出大增。至廿七年底爲止，已達三十萬萬元，其中租稅捐欵收入不過七八萬萬元。廿八年支出更多，廿九年因爲物價上漲，支出數字更大。中央爲了使通貨膨脹合法化，廿八年九月八日公佈『鞏固金融辦法綱要』，原來規定法幣保證有六成現金（生金銀外匯），四成保證（包括統一公債等債券）準備，特增加短期商業票據，貨物棧單，生產事業之投資三項爲準備，並且廢除比例。這是掩耳盜鈴的辦法，實際上連這些都沒有做到，竟以政府墊欵的名義，中央銀行便大發鈔票了。

通貨膨脹最初因爲原來西南各省法幣比較缺乏，一時物價的上漲也遲緩，遠落於通貨發行指數之後，廿九年起，物價開始猛漲，廿九年竟躍爲戰前十倍以上，遠越發行指數，開始威脅到人民生活，於是反對通貨膨脹的呼聲便起來了。

反對通貨膨脹的呼聲

廿九年秋，重慶的經濟學者和青年學生醞釀了反對通貨膨脹的運動，馬寅初氏目擊通貨膨脹的危險，大聲疾呼以喚醒人民的注意。馬氏在『時事類編』發表的『對發國難財者征收臨時財產稅爲我國財政與金融唯一的出路』（廿九年十月）尤爲其代表作，馬氏認爲政府以法幣爲工具，換取物資與勞力，不啻是一種租稅。前數年（廿六、廿七、廿八、廿九）的戰費，是完全由沒有錢的人負担了。抗戰以前法幣只有十四億，當時達六十餘億。這多出的法幣便是剝削人民而來的。從前月薪三百元，現在只抵三十元，這二百七十元便是給政府徵發出去了。下等人出力，中等人出錢，上層却在發國難財。前三年的仗是窮人打的，第四年的仗應該叫上等人拿出錢來，他們只要把一部份財產和存在外國的外匯拿出來，便可以支持戰費。這樣物價不會高，人民才能生活得下去。中國乾脆征收臨時財產稅，也不必用公債方式。馬氏並語重心長的指出，德國式的馬克膨脹，無論戰勝戰敗都會造成經濟的紊亂。

但是，當局對這意見並不採納，而且用了最大的壓力，來粉碎這種運動。馬寅初氏竟因此入獄，被軟禁在貴州，後來又流放至東南。這無異宣告通貨膨脹必將更激烈的施行。

三十三年反對通貨膨脹的運動

三十年起，當局也掙扎着想增加稅收，例如三十年四月，中央把省財政接管了，主要的在掌握田賦實行徵實。同時進口稅改從價征收，接辦省營業稅，加征戰時消費稅，並行鹽、糖、火柴、菸類專賣。但是橫征暴斂的結果，收入仍不敷支出，這是因爲田糧、專賣、稅收，完全被貪污的風氣腐蝕了，中飽了。同時通貨膨脹也逐漸劇化，在三十三、四年達到高峯。

通貨膨脹繼續進行，到民國卅三年戰時經濟危機便爆發了。許多工廠商店關了門，工商界才覺察到通貨膨脹削弱了人民的購買力，使人民更窮困，結果是使貨物滯銷，工廠關門，商店倒閉。工商界便要求政府停止通貨膨脹。這與當時的民主運動結合，要求改革財政政策，征用三億美金存欵，以充實國庫，並停止通貨膨脹。當時的參政會，也反映了這種呼聲。在孔祥熙辭財長前後，反對通貨膨脹運動尤其高張。因此在俞鴻鈞氏接長財政部時，表示願以停止通貨膨脹為目標。但是中央政府一方面是軍費浩大，一方面是稅收機構腐化，勢須繼續以通貨膨脹彌補財政。

四　通貨膨脹的惡性循環

這裏我們要描寫出來通貨膨脹的惡性循環：由財政收支不足，到政府墊欵，由政府墊欵到通貨膨脹，由通貨膨脹到物價飛漲，物價飛漲減少了政府的財政稅收、公債和發鈔的收入，由於收入減少，更不能不實行通貨膨脹，由於通貨膨脹削弱了人民的抗戰力量，引致戰局的惡化。

政府收支不平衡

抗戰八年間，政府的收入，始終趕不上支出。因此收入不平衡，差的數目，便靠向中央銀行借錢彌補。

抗戰八年政府收支決算表

年度	支出	收入	赤字
廿六年（七月至十二月）	一五億	十億	五億
廿七年	九億	五億	四億
廿八年	一九億	五億	一四億
廿九年	四六億	六億	四〇億
卅年	一〇七億	一七億	九〇億
卅一年	二八三億	八五億	一九八億
卅二年	三六二億	二三二億	一三〇億
卅三年	一、八二〇億 租稅收三一四億		
卅四年（一—八月）	四、九八七億 租稅全年七八五億		

赤字依靠賒借彌補

國庫支出龐大，租稅收入不足支出，彌補赤字便要實行賒借，所謂賒借，就是財政部向中央銀行賒借，其統計如下：

抗戰期間賒借佔支出百分比

年月	賒借收入佔國庫支出百分比
二十六年	三六・八四

二十七年	七七・八五
二十八年	八五・九五
二十九年	七〇・七七
三十年	八六・八九
三十一年	七〇・三三
三十二年	六七・〇四
三十三年	六六・八九
三十四年六月	七九・二四
卅四年全年	九〇・〇〇

中央銀行的墊款

由於政府錢不够用，便要四行墊借鈔票，三十一年七月各行停止發鈔，發鈔權集中，便只向中央銀行墊借。這墊借的指數越大，四行發鈔票的指數越大：

抗戰期間四行對政府墊款指數表（二十六年六月爲一〇〇）

年　月	政府墊款指數	法幣發行指數
二十六年十二月	一五二	一一七
二十七年十二月	三五一	一六四
二十八年十二月	六五二	三〇五

二十九年十二月	一、一五二	五六〇
卅年十二月	一、九二七	一、〇七六
卅一年十二月	四、六七六	二、四四二
卅二年十二月	一〇、二四二	五、三五七
卅三年十二月	二七、八五五	一三、四六四
卅四年六月	四七、九〇七	二六、二八九

墊款付出以後，有一部份款項又存回到國家行局代理的公庫裏來，如此又可墊借出去，因此法幣發行指數還沒有墊款指數高。

連鎖形的膨脹

如此，由國庫支出增大到墊款收入的增大，到通貨發行指數的增大，形成一個連鎖。

抗戰期間國庫支出與法幣發行指數表（二十六年六月爲一〇〇）

年　月	國庫支出指數	賒借收入指數	法幣發行指數
二十六年	100	100	一一七
二十七年	一六八	五一九	一六四
二十八年	一八九	六九七	三〇五

二十九年	二八	一、一二九	五六）
卅年	四二八	二、六六二	一、〇七六
卅一年	八一〇	六、〇九〇	二、四四二
卅二年	二、三三五	一三、一八九	四、三五七
卅三年	五、二八一	三五、五五一	一三、四六四
卅四年六月	一二、〇九六	六九、四六七	二八、二八九

通貨膨脹削弱了稅收

戰時財政的籌措不外乎三種方式：一是租稅，一是公債，一是通貨增發。抗戰初期公債稅收的數字尚不算小，但後來的通貨膨脹政策却把上列二種收入完全毀了。這以下，我們要說明通貨膨脹怎樣毀滅了租稅：

據伍啓元氏的統計，抗戰期間中國稅收折合戰前法幣統計如下：

年度	平均每月稅收實值總數（單位：戰前法幣）	指數（戰前爲一）
廿五年會計年度	七〇、〇〇〇、〇〇〇元	一•〇〇
廿六年會計年度	五五、〇〇〇、〇〇〇元	〇•七九
廿七年下半	五八、〇〇〇、〇〇〇元	〇•八三
廿八年	二〇、〇〇〇、〇〇〇元	〇•二九

廿九年	一一、〇〇〇、〇〇〇元	〇·一六
卅　年	一三、〇〇〇、〇〇〇元	〇·一九
卅一年	一六、〇〇〇、〇〇〇元	〇·二三
卅二年	一五、〇〇〇、〇〇〇元	〇·二二
卅三年	一三、〇〇〇、〇〇〇元	〇·一九
卅四年一至七月	一〇、〇〇〇、〇〇〇元	〇·一四

戰前政府的租稅，主要的是關鹽統三稅，這三稅百分之八十在沿海各省征收。抗戰開始，沿海淪陷，稅收大減。政府在關稅方面，加征轉口稅和戰時消費稅。鹽稅方面，加征食鹽附加稅和國軍副食費，並一度實行鹽專賣。統稅，曾提高稅率，加多種類，並曾一度徵收實物。一度實行的鹽糖菸類火柴專賣，也是變相的貨物稅。直接稅系統中的所得稅，過分利得稅，遺產稅，印花稅，營業稅，一一開征，征收的對象，主要的却是都市各工商業。田賦改由中央接辦並征收實物是政府最大的一筆收入，實值超過上述各稅的總和。

由於通貨膨脹，稅收的數字年年猛增，然而實值並不大，而且逐漸減少，三十四年度，稅收實值不過抵廿五年度稅收的百分之十四。

由於法幣貶值，稅收的減少，中央便開始實物稅收，三十年的田賦折征實物是一種，三十一年的鹽糖菸火柴四種專賣是一種，卅三年棉紗麵粉食糖統稅征收又是一種，卅二年的花紗布管制局成立也是一種。自民卅年以後，通貨膨脹成爲無可迴避的厄運，因此不信任法幣的情形已經開始，稅收的徵實，當局設置統制經濟機構，掌握物資，均爲法幣不信任的徵象。這些措施產生了一些後果，一是由於掌握物資統制經濟，增加了無數機構，形成財政稅務人員的膨脹，增加了政府的支出。一是由於掌握實物，稅收機構變爲貪污的淵藪，專賣制度，統稅征實，田賦征實，都成爲最公開的貪污法門。（糧食部部長徐堪公開說：好人便不到糧食部裏來。）經過這一切掙扎，稅收的實值仍因通貨膨脹而趨減少。

通貨膨脹妨礙了公債的發行

公債方面的收入，在抗戰以前是一筆大收入，政府收支缺額都靠這彌補。但由於通貨膨脹，國幣付本償息的不值錢，國民都不願購買公債，以免買入一張廢紙。即是美金公債等在初發行時，都不受歡迎。

抗戰期間發行的國內公債分法幣、關金、美金、英鎊等四種。

抗戰期間中國內債統計

年月	項目	數額	當時內債發行折合國幣總數
二十六年	國幣	一五、〇三三、〇〇〇、〇〇〇	五一七、〇〇〇、〇〇〇
	英鎊	二〇、〇〇〇、〇〇〇	

	關金	一〇〇、〇〇〇、〇〇〇	
	美金	二〇〇、〇〇〇、〇〇〇	
二十七年	國幣	五三〇、〇〇〇、〇〇〇	一、一三二、八八三、九〇七
	英鎊	一〇、〇〇〇、〇〇〇	
	關金	一〇〇、〇〇〇、〇〇〇	
	美金	五〇、〇〇〇、〇〇〇	
二十八年	國幣	一、二〇〇、〇〇〇、〇〇〇	一、二〇〇、〇〇〇、〇〇〇
二十九年	國幣	一、二〇〇、〇〇〇、〇〇〇	一、五三二、一八三、九〇七
	英鎊	一六五、五二一、二四一	
	美金	一六六、六六六、六六六	
三十年	國幣	二、四〇〇、〇〇〇、〇〇〇	二、四〇〇、〇〇〇、〇〇〇
三十一年	國幣	一、〇〇〇、〇〇〇、〇〇〇	三、〇〇〇、〇〇〇、〇〇〇
	美金	一〇〇、〇〇〇、〇〇〇	
三十二年	國幣	三、一七五、〇〇〇、〇〇〇	三、一七五、〇〇〇、〇〇〇
三十四年一月至六月	國幣	五、〇〇〇、〇〇〇、〇〇〇	五、〇〇〇、〇〇〇、〇〇〇

折合率：三十一年以前國幣一元合十四便士半，合美金三角三分九。

三十一年以後美金一元合法幣二十元。

此外，政府還施行過各種捐獻，並出售黃金，外匯，舉辦黃金儲蓄，美金儲蓄，這一切收入據伍啓元氏約計如下：

捐獻和售金的收入亦減

（單位：戰前法幣一億元）

年度	事業捐獻收入	出售黃金，舉辦儲蓄收入
二十六年	一·〇	二·四
二十七年	〇·七	〇·二
二十八年	一·一	〇·一
二十九年	〇·六	—
卅年	〇·四	—
卅一年	〇·三	〇·一
卅二年	〇·一	〇·三
卅三年	—	〇·四
卅四年（七月爲止）	—	〇·三
共計	四·二	三·八

這些收入的數字愈到後來愈少，這也是因爲通貨膨脹的關係。

財政支出的實値減低

戰時財政的支出，實際上因爲通貨膨脹而不斷縮小，伍啓元氏按物價指數計算戰時歷年支出合戰前法幣數如下：

年度	平均每月支出實値（戰前法幣）	指數
二十五年七月至次年六月	一五〇、〇〇〇、〇〇〇元	一•〇〇
二十六年七月至次年六月	一九七、〇〇〇、〇〇〇	一•三一
二十七年七月至十二月	一七九、〇〇〇、〇〇〇	一•一九
二十八年	一三三、〇〇〇、〇〇〇	〇•八八
二十九年	八七、〇〇〇、〇〇〇	〇•五八
卅年	七〇、〇〇〇、〇〇〇	〇•四七
卅一年	六六、〇〇〇、〇〇〇	〇•四四
卅二年	五〇、〇〇〇、〇〇〇	〇•三四
卅三年	三八、〇〇〇、〇〇〇	〇•二五
卅四年一月至七月	四二、〇〇〇、〇〇〇	〇•二八

同時發通貨的收入，也因爲法幣貶值而日益減少。德國的馬克，後來幾乎不敷印刷成本。中國的法幣雖然沒有到這個地步，但是從財政上看來，也不怎麼有利了。

抗戰期間增發鈔票所得的實值（單位戰前法幣）

會計年度	增發鈔票實值（單位戰前一億）
二十六年	二·九
二十七年	四·三
二十八年	九·〇
二十九年	六·三
三十年	五·一
三十一年	四·五
三十二年	二·八
三十三年	二·二
三十四年一月至七月	一·四
合計	三八·五

為什麼明明知道依賴通貨膨脹並不能夠增加收入，而且要進入一個强迫的惡性循環膨脹？

五　戰時財政的本質

為什麼中國預算數字很大，而實值竟不及戰前？

在這次世界大戰，各國財政動員的程度都很高，例如英國的政府支出就佔當年國民所得半數以上，美國的財政支出佔國民所得百分之六十以上，蘇聯動員之澈底更不用說。但中國政府支出佔國民所得的百分比，隨着通貨膨脹而趨於短縮，至三十三年度恐怕只佔國民所得的百分之五。英美的財政是依靠戰時過分利得稅，向大戶徵收，使發戰爭財的人不能太肥。中國的財政是依靠通貨膨脹，使中下層熬盡最後一點血汗。財政支出只佔國民收入的百分之五，這百分之五，却是向絕大多數的赤貧征收的，那人口不及百分之一左右的大官僚的百分之九十以上財富却毫未征收，抗戰幫助了大官僚資本進行蓄積。

大家族掌握着財政

中國戰時財政的收入，伍啓元氏認爲有三大原則：走抵抗力最弱的路綫，財務行政的便利，有錢者不出錢。財政的支出有三大原則：軍事第一，一面建國，龐大機構。這是表露在外面的現象。

中國戰時財政的最癥結的問題，在於財政經濟始終掌握在孔祥熙宋子文手裏，他們是著名的大官僚資本家。這個集團在抗戰期間，要達到一箭雙鵰的目的：一面抗戰，一面資本蓄積，正如他們在政治上一面抗戰，一面統一政權一樣。

中下層負担着財政

戰時收入的原則，便是抗戰的軍費向中下層征收；這個原則下，通貨膨脹是最好的工具。間接稅的加强，是加重中下消費者負担。直接稅是向城市中小工商業課稅。田賦征收，則由地主轉嫁到農民身上。公債的派銷，又普遍攤派到中小工商業，甚至鄉村小農。我們都知道戰時最發財的事業前期是套買外匯逃避資金，後期是購買黃金投機取利，這些國難財都是達官貴人發的。但是，財政當局始終拒絕向這般人征稅或借債，馬寅初氏因爲主張對發國難財者征稅竟至坐牢，後來參政會通過了徵借在美存欵三億五千萬美金，也因爲上下交結的怠工，竟不實行。如果說不敢朝抵抗力强的地方征稅，則抵抗力顯然就在政權財權者本身。

支出爲什麼龐大？

戰時支出的原則，軍事費用確佔第一，其中對內的軍事費用並不少於對外的軍事費用。同時維持政權本身的支出顯然增大，第一，加强了黨團特工宣傳機構，這種機構對內鬥爭的意義强於對日抗戰。第二，爲了維持統治機構的給養，稅收重重，膨脹了統稅局直接稅局專賣局花紗布管制局貿易公司這一類機構。公務人員由戰前的一萬五千人，擴展爲三十萬人。正由於軍事政治經濟統制機構龐大，把公務員的薪津壓得很低，爲了維繫核心，另有辦公費吃空額等陋規。這樣正好腐化了削弱了這機構。所以當三十三年敵人由河南廣西進犯時，財政經濟政策怎樣削弱了士兵戰鬥力，腐化了上層機構，都表現出來了，造成了空前未有的潰敗。

通貨膨脹的財政政策

財政經濟政策中決定一切的，是通貨膨脹；抗戰財政政策如以一語道破，便是通貨膨脹政策。靠通貨膨脹，取得百分之八十的收入，靠通貨膨脹打了八年的仗。通貨膨脹在經濟上進行極大的分解，促成了兩極分化。大官僚集團，憑藉着政權，逃避外匯，做黃金外匯投機，做獨佔性的貿易，依靠掌握發行權，擁有低利貸欵，其財富不但已躲過了通貨膨脹的剝削，而且反成爲暴發戶。但是中小銀行中小工廠中下層人民，却被通貨膨脹淸算了，他們除了依附大官僚的可以稍得殘羹外，大多數人全被剝奪了僅有的所得，其中尤以拿薪水過活的智識份子，公敎人員，士兵，工人爲最慘。對於這種通貨膨脹，江浙銀團鉅子的陳光甫氏，也不禁搖頭歎息，他認爲這是中國財政紊亂政治紛擾貪汚盛行的根源。卽連法幣制度獻議人的顧翊羣氏，也認爲通貨膨脹之下，中國的建設是根本無法進行了。

六　內戰中的通貨膨脹

和平幻象掩護下的通貨膨脹

卅四年八月抗戰勝利，全國物價狂跌了百分之五十以上，市場上銀根緊迫，大家都想把貨變成錢。貨幣價值似乎上漲了，給人民以幣值逐漸提高的幻象。這時貨幣貶值和通貨膨脹似乎巳成爲歷史的現象，問題已是如何穩定物價下跌，如何展緩幣值上漲。當時，法幣按中儲券二百折一，在收復區的購買力提高，物價約爲戰前的五百倍。後方物價由戰前三千倍回跌至戰前一千五百倍。當時有部份工業人士還惟恐幣值穩定得太高，物價還要跌，會要求政府維持物價在二千倍。伍啓元氏主張維持在一千倍。抗戰結束時，通貨膨脹約爲四百倍，卽五千億，他們都要求通貨膨脹再繼續一倍，達到一千倍爲止。章乃器氏主張以通貨膨脹擴大工業信用，伍啓元氏列擧復員生產等八項目標爲通貨膨脹的用途。

一面是和平空氣的醞釀以及物價下跌，一面是積極備戰，秣馬厲兵及戰費急劇膨脹。在物價下跌的幻象中，通貨膨脹加緊了馬力向前跑步。

爲了與共產黨競賽接收收復區，政府使盡了最大的人力財力。在卅四年九、十、十一、十二四個月，政府的支出達五千四百億，超過一至八月的四千億。其支出，自然最大部份（約百分之八十以上）是在收編軍隊，送軍隊去打，完全是軍費，名目則爲緊急撥支。同時期內，一般生產復員的信用緊縮了，農貸每月已減至八億，生產貸放減至六億，四月合計只有五十六億，外加緊急工貸廿五億，商業黃金押放二十億，金融業黃金貸放二十億，不過一百廿億。由於財政支出猛增，赤字加大，這四個月中間，法幣發行總額，就由卅四年八月中的五千億膨脹到卅四年十二月底的一萬億。結果，卅四年十月十一月間物價隨內戰的戰火而上騰。

卅五年的結算

卅五年度初期，和平的空氣盪漾，政府的總預算，軍費之外，也列了一些復員建設預算，支出的總額爲二萬五千億，軍費爲一萬零九百億。收入方面稅收七千三百億（土地稅九百四十四億，所得稅四百億，遺產稅三百億，貨物稅一千三百二十億，關稅七百億），敵產出售六千二百億，黃金外匯出售六千億。當時估計赤字預算僅爲五千億元。但是內戰的炮火，把這預算完全打垮了。

這裏，我根據各方面所得數字，試作一個決算表。其中未列出的，我不擬以臆測來補足，已列出的，我敢相信是比較近乎正確的。

三十五年度總預算總決算表

項目	預算	決算
歲出	二五、二四九億	五五、六七二億
歲入	二〇、〇五四億	二七、〇〇〇億
赤字		二八、〇〇〇億

三十五年度總收入預算決算表

項目	預算	決算
歲入	二〇、〇五四億	二七、〇〇〇億
賦稅收入	六、七〇〇億	一三、〇〇〇億
貨物稅	一、三〇〇億	四、五〇〇億
關稅	七〇〇億	二、〇〇〇億
鹽稅	二、七〇〇億	二、〇三九億
直接稅	二、〇〇〇億	一、八〇〇億
土地稅契稅	四〇〇億	
所利得稅	四〇〇億	

遺產稅	三〇〇億	
印花，營業稅	九〇〇億	
敵產出售收入	六、二〇〇億	四、〇一〇億
黃金外匯出售收入	六、〇〇〇億	

三十五年度總支出預算決算表

項目	預算	決算
歲出	二五、〇〇〇億	五五、〇〇〇億
軍費	一〇、九五〇億	
復員救濟費	五、〇四九億	
教育文化費	一、〇七九億	
省市補助費	二、五〇〇億	

預算決算的差額，普通都是以緊急命令撥支支付的，按過去的例子，其中至少有三分之二以上是軍費。例如卅四年一月至八月，緊急命令撥支二千七百八十三億，其中一千九百二十七億爲軍費，連預算中的軍費爲三千一百七十三億，佔總支出百分之七十。俞財長稱緊急撥支佔全支出的百分之四九點七。

軍費佔支出的百分比，有二點材料透露出來：一是俞財長卅五年六月的報告：『從今年一至五月，政府已將本年度預算二萬五千億，用去一萬五千億，同期稅收祇二億五千萬元，鉅額赤字由發行補足。」其中軍費爲一萬億，卽百分之七十。二是南京聯信所訊，政府八月份之總支出約爲四千億，其中軍費佔二千九百億，約爲百分之七十五。按戰事發展情況估計，則上半年戰事較緩和，約佔百分之七十，下半年內戰激化，約佔百分之七十五。大概的估計，卅五年度軍費爲四萬億。

在這收入之外，還有二筆實物收入：一，田賦：卅五年度田賦實收爲七成，卽四千一百三十一萬担，其中征實爲三九、三五三、五四二石。這是軍隊糧秣的來源。一是美軍剩餘物資和美國代運兵員，裝備機械化師，訓練海空軍的費用，據美國方面估計爲四十億美金。

由此，我們可以得出比較可靠的通貨膨脹數字：

抗戰勝利以來的通貨膨脹表：

年　月	法幣發行額	增加百分比
卅四年八月	五千億	一〇〇
卅四年十二月	一萬億	二〇〇
卅五年六月	二萬五千億	五〇〇
卅五年十二月	三萬八千億	八〇〇
卅六年七月	十一萬八千億	二、三〇〇

抗戰期間，法幣每年加發，最高是百分之一百三十二點五。抗戰勝利以後，由卅四年八月至十二月，四個月就加了一倍，四個月內戰就用去了八年抗戰相等的通貨。卅五年度，發行額更劇增，由年初至年底，加發就達百分之四百，加了四倍。俞鴻鈞氏稱債欵收入佔百分之六十四點四八。這種增長確是驚人的。

卅四年底數字的推算，根據俞鴻鈞部長的報告：「抗戰八年內政府共發行紙幣一萬〇三百九十億元。」這八年顯指廿六年到卅四年底。卅五年中期的數字，亦根據俞部長報告（見前引一萬五千億支出，以發行彌補語）。卅五年底數字，是根據決算算出，李儻財次報告：「卅五年度支出超過預算一倍多，」此外還根據可靠方面的數字。由以上數字看來，內戰時期的通貨膨脹遠比抗戰時期爲烈。中儲券發行額三萬八千億，法幣已經超過它了。

通貨加發的百分比

時期	法幣每年平均增加百分比
二十六年——廿七年	四〇・六
二十八年至卅年	八七・二
三十一年至卅四年六月	一三二・五
三十四年（八——十二月）	一〇〇・〇

三十五年	三八〇•〇
三十六年（十月）	三〇〇•〇

卅六年度的財政情況，比卅五年度還要惡劣。

三十六年度展望

卅六年度財政收支預算

項目	數額
總收入	七〇、三三三億
賦稅收入	三六、一一二億
直接稅	一一、六七〇億
土地稅	二、二四〇億
所得稅	三、一一〇億
過分利得稅	二、〇〇〇億
遺產稅	一、二〇〇億
印花稅	三、〇〇〇億
營業稅	八〇〇億
特種營業稅	二二〇億
關稅	六、〇〇四億

貨物稅	二二、一七二億
礦物稅	三〇〇億
鹽　稅	五、三五〇億
物資售收入	二五、〇五六億
財產孳息稅資	三五六億
財部管售物資	五、〇〇〇億
敵偽物資出售	八、〇〇〇億
剩餘物資	一二、二〇〇億
餘糧	四〇〇億
匯價變價	一〇〇億
公營事業盈餘	七、八八二億
其他收入	一、〇七一億
赤字預算	三三、八六七億
總支出	九三、二〇〇億
軍　費	三八、一三五億
建設費	一五、五三四億

復員救濟費	一四、二三三億
行政經費	八、七六五億
補助省市經費	六、五一五億
教育文化費	三、四二三億
債務支付費	二、五六一億
第二預備金	四、〇四五億

支出方面，顯然這數字絕對不够。這預算是卅五年九月編製的，到年初爲止，物價的上漲已達一倍到二倍（當時物價指數五千倍，二月中旬指數一萬二千倍，這是中央銀行指數，二月底某機關統計爲一萬八千八百倍）。依原預算再加物價指數，這七萬億的數字，一定要加五倍到十倍。軍費方面，國防次長林蔚便說：『軍事復員費合併計算當佔百分之五十以上，且該預算是根據九月間物價指數計算，士兵服裝糧秣馬草尙未計入，故軍費之龐大將過此。因爲全國兵員已達四百九十萬人。』軍費，大家都知道有二筆不算錢的大量補助：一是美軍的協助，從彈藥武器到糧秣運輸。一是糧食的征實，是軍費能够低估的原因。但是美軍的援助，今年估計到美國自身軍費的縮減，未必能够如上年一樣巨量援助，征實恐怕也未必能够超出卅五年度成績，卅五年不如卅四年，已打了七折，卅六年可能更低，因爲已沒有對外戰爭的氣氛，逼使人民繳穫。經濟緊急措施方案的用意，便在於緊縮其他一切開

支，集中打仗，其他開支是否可縮得了，不知道，軍費的膨脹却是一定的。

收入方面，各種賦稅都是從價征收的，隨着物價上漲，一定可能足額。出售物資收入，便未必能如理想：敵僞物資共接收了一萬二千億，現在餘存產業約六千八百億，其中有大部份是工廠，房地產，倉庫，能出售百分之五十卽算好的。剩餘物資號稱八億美金，實際上恐只值三億美金（政府以駐華美軍三十三、三十四年墊欵國幣一千三百億結換，約合三億美金），這些物資據江杓局長三月間報告，已接收者約一千萬美元，已銷售者六百萬美元如依當時匯率，已售者不過國幣七百億元。一年之內要出售一萬一千億，中國市場未必有此胃口。最近說的出售國營事業，如中紡可售三萬億等，都不是一蹴可幾，民間資力乾涸，國營事業一年之內，能賣到二萬億就是好的。

卅六年財政的惡化

卅六年二月黃金潮發生後，宋子文辭職，張羣就行政院長，張嘉璈就任中央銀行總裁。兩張上任之初，曾由俞財長代爲宣佈到卅六年四月爲止的通貨發行數字爲六萬億元。爲孔宋時代作一總結，而有另闢途徑，而避免通貨膨脹之意。孔宋運用的是黃金外匯，張擬運用的只有敵僞產業和國營事業，其措施是四月一日發行美金庫券和公債，以國營事業爲担保。分二期發行，四月十月各發半數，庫券三億美元，公債一億美元。按當時匯價庫券合三萬六千億法幣。但是至八月十五日爲止，庫券實售約二千七百萬美元，合三千二百四十億法幣，爲數甚微，公債售出不過一千九百餘萬美元。政策上說已失敗，故九月初一度中止出售，擬議取消。出售國有產業如中紡，中蠶，中煙，亦因受主不多，而且政府軍布需求急迫，內部若干人士亦不願放手而漸漸作罷。美國借欵既未成功，黃金外匯無法補充，張嘉璈的應付財政，幾乎是單綫的發行紙幣政策。

五月廿三日俞鴻鈞氏報告：卅六年度支出預算九萬三千七百餘億元，歲入賦稅佔百分之三八・五，財產及物資售價收入百分之二七・二，公有事業營業盈餘百分之九・二，征借實物百分之一・二，合列七萬二千億，佔歲出的百分之七八・五，債欵收入爲百分之二一・四。但一至四月執行情形，收入爲二萬餘億，支出爲五萬餘億，已差三萬餘億。根據年中情形預測，稅收可超過原預算三萬億，敵僞物資及剩餘物資因匯率改變，可增收二萬億，美金公債庫券可收四萬八千億，連同原預算，可收十七萬億。支出方面原列九萬三千億，估計五月到年底，尚需十二萬億，連同已支共十八萬億，加預備費二萬億，共爲二十萬億。其估計方法，爲一——四月月支一萬二千億，五——十二月爲一萬六千億至二萬億。根據這數字，財政預算於五月七日通過追加爲二十萬億元。

這預算顯然並不切合實際。據合衆社九月十日南京電：張羣院長向四中全會報告，八月爲止，已用去三十萬億元，稅收年底可望達二十三萬億。實際上稅收固有增收，如上海貨物稅，六月爲止，計收近四千億，但其他收入却未見增加，如所得稅八月底祇收足全年九九一〇億的半數。中信局出售敵產一至六月，蘇浙皖區計四千億元。物資供應局接收剩餘物資，七月爲止，共收一萬三千五百六十九萬美元。這筆物資，政府決定收歸軍用，不再出售。國營事業如中紡爲了供應軍布，不能轉售。其他有價值資產亦已逐漸轉入黨政機構，無再出售之意。據章乃器八月估計，政府每月開支約四萬億到六萬億之間，每天發鈔約一千億到一千五百億。每張萬元大鈔，成本已達三千元，估計卅五年印鈔費爲六千萬美金，卅六年傳每月需二千萬美金。故五萬元大鈔已印好待發。至於合衆社七月底電，通貨發行已達三十萬億，則傳聞過甚，一般估計七月底爲止通貨發行額約十一萬八千億元。至於軍費佔支出之比例，據魏德邁八月二十日報告，『政府預算至少有百分之八十作軍費用。』

觀乎三十六年一般趨勢，政府逐漸已放棄維持法幣維持物價的努力，更現實的追求黃金，美匯，物資。故已有的物資不再發售，不惜提高金匯官價，作犧牲匯價物價追求外匯的努力。政府最高當局九月十日曾慨嘆勝利之初，曾有外匯九億美元，較戰前多五倍 可惜當時專家不肯贊同，立即改革幣制，而仰賴外援。現剩美金有謂去年僅用三萬萬美元，剩五億美元，方顯廷氏則認爲已耗去近九億美金之鉅的外匯。政府此一決策，近乎經濟上長期作戰之戰略，走抗戰後期的路，但幣值必因此加速貶值。今年年底，支出總數可能在五十萬億，此數將有百分之八十以上依賴通貨發行。

抗戰後膨脹的劇化

戰後通貨膨脹，只有一種情形之下才發生，即是戰敗國，牠爲了實行賠償 或負担佔領軍費用，不能不實施通貨膨脹。例如德國，和此次戰後的匈牙利。中國在此次抗戰勝利以後，確是勝利國家，中國所接受的敵產有四萬億之多，足抵抗戰通貨膨脹額之八倍。中國的沿海工商業完整無缺，稅收應該激增，無論從那一方面說，通貨膨脹都是不必需的。

中國財政的措理，俞鴻鈞氏曾說如果和平而且安定，那是不成問題的。例如卅五年預算，總額二萬五千億，差額只有五千億。支出方面和平復員建設費也很多，無怪乎有人認爲這是財政的好轉，預算求平衡的趨勢。稅收，尤其是關鹽統三大稅收，直接稅收，都很有希望。沿海大都市只要安定下來，收入可以增加，而且掌握着偌大敵產，財政上絕對可以平衡的，這些都是抗戰期間所無的有利條件。這種平衡是被戰爭破壞了的。促使通貨膨脹的是比八年抗戰更要劇烈的內戰。敵產出售，後方的征實恢復，沿海關鹽統直各稅拚命開征，所得固然大，仍然不能滿足軍事消耗的缺口。於是便只好訴諸於通貨膨脹，這通貨膨脹又削弱了稅收和敵產出售的實值。卅五年度，稅收預算六千億，實收一萬二千億，但是物價加了近十倍，這稅收實值只及預算五分之一。內戰更直接破壞了財源，例如青島，天津，長春，北平，濟南這些大都會，在戰爭的擾攘下，工商業都停頓了，稅收便被毀滅了，這一帶的政府機構反而成爲財政上的負担。

中國財政的矛盾

很顯然的，惡性通貨膨脹對於財政上的影響是很嚴重的。從卅六年度的政府預算，可以看出中國財政有着四大矛盾：

第一，中國財政上對外依賴的加强，顯示統治集團的利益與民族利益間的矛盾。抗戰期間美國借欵五億美金，二億買黃金出售，一部份發美金公債和美金儲蓄劵，這且不說；勝利以後三十五年出售敵產的收入，達五千億，而卅六年度預算有二萬二千億得自出售美軍剩餘物資。這是財政上的對外依賴。此外，關稅的收入，也很大，居稅收的首位（關稅預算卅五年度七百億，早已超過），而關稅收入的成爲大宗，並非由於出超或出口增加，而是因爲美國貨的大量傾銷。政府渴望五億美金借欵的告成。這都是依賴美國的加强，並非財政的正軌，而有損於民族利益的。至於外匯政策黃金政策之依賴美國，也很顯然。

第二，美資伸入與稅收的矛盾。抗戰前統稅收入爲大宗，這是要民族工業出錢養政府，抗戰以後統稅恢復得很快，卅五年度預算收一千三百億，實收四千三百億。這是因爲統稅增加許多項目，而且加重了稅率。目前統稅的主要項目是：煙，麵粉，棉紗，織染等。這幾種工業因爲美貨還沒有傾銷，還可以賺錢，但是能維持多久已是問題。而稅局征收率之高，已經使國煙成本高於外煙。其他如毛織，呢帽等工業，雖然蝕本，但政府的稅收却毫無減少餘地。貨物稅對於工業，營業稅直接稅對於商工業，都是打盡了主意的。這一切都證明了政府從重慶搬到南京，後方一切徵實征購，戰時苛政，不肯取消，而且把這帶到了收復區，貨物稅直接稅之苛細剝削，使稅收於短期間便已足額。這是說：政府已不耐心培養正當稅源，使民族工業休養生息，稅收的殺鷄取蛋，確是事實。僅如此，已大有害於民族工業，更嚴重的還有美國貨的傾銷，無論是可以增加政府關稅收入的美貨，可以增加國庫收入的剩餘物資，全都是民族工業的勁敵，工商業的破產，會使所有稅收減少的。

第三是通貨膨脹與財政平衡的矛盾。廿七、廿八、廿九年，一元鈔票抵一元用，物價不太漲，發鈔票過日子既安穩又得利。但是鈔票發多了時，便不行了。由於通貨貶値，物價漲得快，稅收漲得慢，政府便越來越覺得錢不够用。例如卅五年，物價漲了十倍，支出由二萬五千億增到五萬億，實際上所用的實値不過預算的五分之一，稅收由六千億增至一萬二千億，實收只五分之一。卅六年度稅收加了三倍，卽三萬六千億，年底總收也許不止，但到年度終了所收實値決不及年初的三萬六千億。（直接稅據說要按物價指數征收，這是更利害的剝削了，但是它的機構恐怕還不勝任。）越是通貨膨脹越是財政收支無法平衡。正如抗戰期間歷年總支出的實値減少一樣，抗戰後這更明顯，政府支出了許多錢，却不能養飽公務員和士兵。宋子文一面膨脹通貨，一面想勒住物價，這是通貨膨脹在理財者內心矛盾的表現。通貨膨脹間接的也打擊了收入，促使財政不平衡。這就是通貨膨脹剝削了公務員，工人，職員的購買力，造成工商業崩潰，減少了稅收。中國現在買工業品和百貨的人，一大部分是做公務員的，做職員的，和做工人的，而他們的所得却是愈來愈不値錢的薪水，這便是使工商業衰敝。中國的稅收，直接稅間接稅營業稅佔一半以上，都由工商業出，工商業衰敝，倒號成風，會減少稅收的。

第四是官僚資本與財政平衡的矛盾。年餘以來，公務員和士兵的生活跌落到泥坑裏去了，他們對戰爭的厭惡，自然日增月長，但是並沒有沮喪了上層的『戰志』，這原因便在於大官僚在內戰中有利可圖。抗戰以前，全國的首富，是江浙財團，現在却是少數幾個人了。由於通貨膨脹，它削弱了任何集團的財富，他們自己却憑藉着地位，用管制，用國營，來培養自己。外匯管制，便可以低價買取外匯，金融管制，他們便可以用低利貸欵培養自己的銀行；物資管制，便可網開一面，使自己的工廠躲開管制。憑藉國營工廠，自己可以培養人材，扶植他們私有的工廠。此外管制與國營中，可以用直接的方式來積蓄資本——貪污。通貨膨脹剝奪了人民的勤勞所得，乃至民間金融家工業家亦感受壓迫；大官僚却藉以迅速長成爲全國首富。抗戰以前，江浙財團可以影響政治，勝利以後，豪門可以不顧工商金融界的勸告，肆意决定各種政策，便由於他們自己有了勢力雄厚的國家行局以及全套官僚資本與美國資本勾結，控制了國民經濟之故。在卅六年度，官僚資本要爲戰爭籌措的一筆戰費，即中紡公司和招商局等的贏利，須達九千億元。但是，同時用以擴充官僚資本的費用，即所謂國營事業建設費，却達一萬億元。官僚資本的成長到足以自立，是抗戰勝利以後的事情，而它對於財政還是一個寄生蟲，并不能增加國庫的收入，反而要增加支出，也由此可見。而且，官僚資本的存在，既然威脅了民營工商業，使稅收減少，那麽，結果將是促使工商界與政府的矛盾，政府上層與下層的矛盾，職工農民和官僚資本的矛盾，都更加激烈。

七　地方貨幣及其膨脹

在中國戰後通貨膨脹的浪潮中，我們還要說明幾種地方貨幣——東北和台灣的流通券，中央銀行的新疆券，和中共區域的抗幣。

台灣的流通券

台灣的行政制度在國民政府的規定中頗近乎殖民地的總督制 。金融上也是半獨立的，四行兩局不設分行，另由台灣銀行發行台灣流通券，台灣對國內法幣規定兌換比率。

台灣原來流行的日人所發鈔券有幾種，在卅四年一月爲止共發九萬萬元，以後每月有增加，尤當日軍開始失敗時發鈔尤多。到七月已達十四億，十月中旬增至廿七億元。政府接收後，便凍結存欵，換發新的台幣。新的台幣爲了要國內法幣隔絕，規定一比三十的匯率，即台幣一元換法幣三十元。

台幣由於台灣行政公署預算不能平衡，已經開始通貨膨脹了。卅四年十月，台幣發行二八九、七八七、三五一、九五〇元，卅五年七月便增至三、六六六、三八八、八三五、一五〇元，九個月發行了二萬三千億元。

發行的台幣用到工礦商業放欵的，卅五年十月祇有六十億，僅合百分之〇・〇一七弱。同時台灣的存欵，三十五年九月爲止，有一億七千九百萬，連同商業銀行存欵，不過六億元，祇爲發行額的百分之〇・〇〇一七。台灣銀行的利率特低，存欵日息二厘，放息五六厘。這種情形下，通貨的發行顯然是爲了官僚資本的擴張。據報載台灣國營事業的籌備處特多，恐怕就是這些籌備處用了這些膨脹的通貨。由於通貨膨脹，卅五年底，台灣的物價比較戰前高一百倍，比日本投降時高了十倍。

台幣對法幣的匯價是一元換三十元，黑市匯率稍低，一元祇換廿三四元。卅五年八月法幣外匯放長，台幣匯率改爲一比四十，後來又改爲一比卅五，黑市維持在一比卅三。卅六年秋改爲一比七十二。

台幣的發行本來在隔絕法幣的影響，結果自身也在膨脹之中，台幣黑市中祇值國幣四十餘元。倡議中央集權的人，常常攻擊台幣，這是毫無道理的，要沒有台幣，今天台灣人民與國內人民同陷入水深火熱的境地。應該責備的是台幣本身的發行，還沒有勒緊，不够獨立於通貨膨脹的浪潮之外。

東北流通券

中央銀行東北流通券的發行，其制度與台灣相仿，據東北經委會主委張嘉璈氏說：『東北流通券是以東北的工礦業爲實際準備。』東北流通券與僞滿中央銀行券，以一對一的比率收兌。當時僞滿券的發行約一百二十億。僞滿幣一九三二年開始發行時僅一億四千萬元，一九四一年爲十三億元，一九四四增至五十八億，投降時達八十億，投降後達一百二十億。蘇軍進入東北，發行的紅軍票爲九十七億二千五百萬元。合計爲二百二十億之譜。

東北流通券用以兌換僞滿券和紅軍票的約爲二百二十億。卅四年十一月杜聿明的東北保安司令部會發行蓋印法幣達八億元，直至卅五年三月才收兌。其後因爲東北軍隊麕集達五十萬人，日耗主副食即達十五億，軍費極爲龐大。經濟事業和交通事業都是蝕本的，貼補數字甚大。因此，東北流通券發行甚速，卅六年三月估計已達六百億元。東北物價卅五年三月爲廿六年指數的二一一五倍，卅六年二月已達一一五一倍，猛增五·二七倍。

東北流通券與關內法幣的比率，本為一比十三，因為流通券的貶值較之法幣有過之而無不及，黑市已降為十比一，甚至八比一，一年來較法幣貶值尤快百分之十八。

新疆的流通券

新疆的「中央銀行新疆流通券」，規定一元換法幣五元。新疆省政府仍然要施行通貨膨脹，以養數十萬大軍。但是維吾爾族、哈薩克族監視甚嚴，例如三十五年冬要搬運在新的五十萬兩黃金便遭反對。因此制止通貨膨脹已成為少數民族鬥爭的口號。

共區的抗幣

此外，我們要來談到抗戰期間產生了的一種很具特色的貨幣，即是抗幣，中共曾承認這是一種地方性貨幣。中共在卅年前後在敵後各地建立了抗日游擊政權。他們最初是用法幣的，敵人便把法幣往中共解放區擠，造成通貨膨脹。後來他們便發行了抗幣。抗幣是通稱，即是抗日政權的貨幣，實則隨地區不同有好幾種貨幣，每一個地區都有銀行，都有貨幣。其中有晉冀魯豫邊區銀行，晉察冀銀行，陝甘寧邊區銀行，山東的北海銀行，魯西銀行，蘇北的華中銀行，江淮銀行。

抗幣是政治性很濃厚的貨幣，同時也是中共自認為攪經濟工作最大的成就。它的產生經過，可以山東區黎玉和楊波氏的報告來說明。

山東自七七後游擊隊到處發展，發行了五十幾種地方流通券。廿八年國民政府部隊撤退，中共建立其游擊政權。二十八年秋日寇成立華北聯合準備銀行，收兌法幣，以法幣套外匯並向自由中國及解放區套買物資。中共便發行了北海票作爲輔幣，一方面保護法幣，訂定比率，禁用僞幣。卅年以後敵人佔領上海，法幣已不能奪取外匯，遂專用來套取物資，要把法幣擠往解放區，造成通貨膨脹，並掠奪物資。於是法幣跌價，物價飛漲：

山東物價指數（法幣爲單位）

年份	廿六年	廿七年	廿八年	廿九年	卅年	卅一年	卅二年	卅三年
糧食	100	一三六	三六二	七三二	二、一四一	八、一九九	五一、四〇七	一〇九、九四九
必要品	100	一四六	二七四	三九〇	二、一一〇	八、七三七	四七、六八二	三七七、三一四
土產品	100	一三一	一八八	一、三八八	二、七三〇	八、八四八	四二、八七九	六七八、七八八
綜合指數	100	一三五	二七五	九〇三	二、三二七	八、五九五	四七、六五六	三八八、六八四

在這種情勢下，卅一年下半年山東開始限制法幣流入，提高抗幣價值。當時的抗幣發行量很小，法幣爲主，因此貨幣流通量也掌握不住，於是抗幣成爲法幣附庸，隨之俱跌，物價繼漲。直至卅二年下半年中共才拋棄貨幣上的法統觀念，先在山東濱海區試驗，宣佈停用法幣，並且將法幣往敵人佔領區排擠，使抗幣獨立。半年後，物價稍定。卅三年上半年在山東的魯中魯南渤海地區相繼停用法幣。卅三年年底，抗幣的價值才穩定下來。由於法幣排出，抗幣又少，有的地區物價降落，有的地區物價便展緩上漲。其統計如下：

地區	卅三年 一月	卅三年 六月	卅四年 一月	卅四年 八月
濱海	100	一一〇	九六	一二七
魯中	100	八七	六九	一三九
魯南	100	一一六	七五	一四七
膠東	100	一五三	二六四	二九六
渤海	100	七九	六九	九一

抗幣的價值也隨之提高。抗幣與法幣原來是對等行使，卅二年底法幣五元換抗幣一元，三十三年法幣一元換抗幣二角，三十四年春約合四分。卅二年上半年僞幣一元換抗幣七元八元，三十二年底僞幣一元換抗幣一元五角，卅三年秋爲一對一，卅四年八月僞幣只值抗幣三厘到二厘五。

抗幣的價值在卅五年二月爲止，據中共宣佈其比率如下：晉察冀銀行券一元換法幣一元七角，晉綏銀行券一元換法幣一元五角，晉冀魯豫銀行券一元合法幣五元，華中銀行券一元換法幣卅元，山東北海票每元合法幣二十元。

抗幣的發行據稱是爲了對日實行經濟鬥爭，並不是以此爲軍隊財政來源，因此發行量極少，並有物資及工廠商店資產爲準備，紙幣的發行也完全充作工商貸欵。據中共公佈，一九四六年二月爲止，曾發放大批貸款，其中晉察冀貸出抗幣四十億，晉綏貸出二億，晉冀魯豫十五億，蘇皖五千萬元，山東二萬萬元，折合當時法幣約一百九十三億八千萬元。由以上數字看來，中共即是對工商生產貸款也是採用信用緊縮、少發鈔票的審愼方針。

抗幣的發行數量，據卅五年七月財政評論調查，計有下列數字：華中銀行（蘇皖四十八縣）抗幣，已發約合法幣七八三億，北海銀行（總行臨沂、山東一〇四縣），已發約一百億，魯西銀行發行五十億，中原軍區曾在湖北發行中原邊幣，已發半億。陝甘寧邊區，陝邊幣已發十億。晉察冀銀行發行察邊幣一〇三億，晉綏邊區銀行發行綏邊幣，汾陽西北農民銀行發行西北邊幣，冀南銀行設邯鄲發行冀南邊幣，冀遼熱發行熱邊幣，東北安東遼西銀行發行遼西券一百億，齊齊哈爾東北銀行發行東北券一百廿二億。

蘇北抗幣的發行，其價值便以一元換小麥一斤為準，以物資保證幣值，而不以金匯為準備，這是中共貨幣制度的精神所在。卅五年四月其比率爲一元對法幣四十元。

抗幣在抗戰期間曾經是使淪陷區人民逃避僞聯銀券僞儲備券的通貨膨脹剝削的工具，這一點不容否認。抗戰勝利以後，據說政府在政協會議會要求取消，國民政府輿論對抗幣更鳴鼓而攻之。自內戰激化以後，政府軍隊所到之處，即禁用抗幣。冀東蘇北一度被政府佔領後，政府中有部份人士主張折價收兌，以免綏靖區（政府佔領中共地區）人民損失，有人主張根本否定。結果是蘇北冀東抗幣都不見了，用不着焚燬或收兌，但在地下流通，其價值據傳華中銀行券爲一元折合法幣四十三至四十六元。此外中共在北滿發行了東北銀行券，與政府的東北流通劵價值相差無幾，據政府方面報紙報導，東北流通劵八角可兌東北銀行券一元。

第二章　野馬狂奔的物價

通貨膨脹之下，最重要的現象，便是物價高漲。戰前法幣政策實施，通貨和緩膨脹時期，物價已逐漸上漲，幾達一倍。戰爭開始以後，通貨膨脹逐漸激化，物價的上漲也愈加嚴重。幾年來，物價問題成為最受注意的經濟問題。

一　抗戰期間物價上漲情勢

戰時物價指數　戰時物價指數，據中央銀行的統計，如以廿六年一月至六月為一〇〇，上漲速率如下：

重慶二十二種基要商品躉售物價指數（加權幾何平均）

廿六年七月	九七	卅年十二月	一六四八
廿六年十二月	九八	卅一年六月	四一六二
廿七年六月	一〇三	卅一年十二月	五七四一
廿七年十二月	一〇四	卅二年六月	一一三五〇

廿八年六月	一二〇	卅二年十二月	二〇〇三三
廿八年十二月	一七七	卅三年六月	五四四七〇
廿九年六月	三三六	卅三年十二月	七四八六〇
廿九年十二月	一〇九四	卅四年六年	一五五三〇〇
卅年六月	一七二六	卅四年八月	一七九五〇〇

另據財政部統計處楊壽標氏所作統計如下：

物價及購買力指數表（以重慶廿六年上半年為一〇〇）

年月	重慶躉售物價指數	貨幣購買力指數
二十六年六月	九八・八	一〇一・二
二十六年十二月	九八・三	一〇一・七三
二十七年六月	一二八・二	七八・〇〇
二十七年十二月	一六四・〇	六〇・九七
二十八年六月	二〇九・三	四七・七七
二十八年十二月	三五五・四	二八・一三
二十九年六月	五九六・六	一六・七六
二十九年十二月	一、二七六・二	七・八三

三十年六月	一、五五六·六	六·四二
三十年十二月	二、七三六·六	三·六五
三十一年六月	四、八四四·〇	二·〇六
三十一年十二月	七、七七六·〇	一·二八
三十二年六月	一三、〇一三·〇	〇·七六
三十二年十二月	二〇、九三〇·〇	〇·四七
三十三年六月	四二、八四〇·〇	〇·二三
三十三年十二月	五八、七七四·五	〇·一七
三十四年六月	二三三、三二〇·〇	〇·〇四

上舉二種物價指數統計，中央銀行較穩健而未盡合於上漲速度，勝利時，僅達戰前的一千八百倍。財部統計，物價上漲二千一百三十三倍，貨幣貶值至〇·〇四，這還是勝利前二月的數字。

口岸淪陷以後物價也在上漲，如以上海爲例，其統計如下：

上海物價及貨幣購買力指數（上海二十六年上期爲一〇〇）

年月	上海躉售物價指數	貨幣購買力指數
二十六年六月	一〇一·九	九八·一四

二十六年十二月	一一四·二	八七·五七
二十七年六月	一一七·三	八五·二五
二十七年十二月	一三四·六	七一·二九
二十八年六月	一六一·〇	四二·一
二十八年十二月	二九九·八	三三·三六
二十九年六月	四二六·二	二三·四六
二十九年十二月	四九三·九	二〇·二五
三十年六月	七一九·四	一三·九〇
三十年十二月	一、二〇九·七	八·二七

（太平洋事變後未列）

上海物價上漲較後方為緩，二十六年到卅年底，只漲了十二倍，較後方少一倍。這是因為上海口岸擁有許多物資，而且外匯的拋出，促使外匯投機的緣故。

物價為什麼漲？

物價為什麼上漲？完全是因為通貨膨脹的緣故，玆列法幣發行增加表與物價增長表如下：

年月	法幣發行指數	較前期增減	重慶躉售物價指數	較前期增減

二十六年十二月	一一七		九八	
二十七年十二月	一六四	四〇·六	一六四	六七·三
二十八年十二月	三〇五	八五·九	三五五	一一六·四
二十九年十二月	五六〇	八三·六	一、二七六	二八七·六
卅年十二月	一、〇七六	九二·二	二、七三七	一一四·四
卅一年十二月	二、四四二	一二六·九	七、七七六	一八四·一
卅二年十二月	五、三五七	一一九·三	二〇、九三〇	一六九·一
卅三年十二月	一三、四六四	一五一·三	五八、七七四	一八〇·八
卅四年六月	二八、二八九		二一三、三二〇	

物價上漲的三個階段

如將通貨膨脹分爲三個階段，則通貨膨脹速率與物價增漲速率比較如下：

	法幣發行增加數	重慶躉售指數每年平均增加百分比
第一階段二十六年至二十七年	四〇·六	六七·三
第二階段二十八年至卅年	八七·二	一七二·八
第三階段三十一年至卅四年	一三二·五	一二四·〇

第一階段，法幣每年平均加百分之四十一，重慶物價加百分之六十七。這是和緩的通貨膨脹期。

第二階段，法幣增加率已趨漲至百分之八十七，物價也隨之突晉，達百分之一百七十三。這是通貨膨脹轉劇的現象。

第三階段，法幣增加平均率，已漲至百分之一百三十三，物價平均漲率只有一百二十四，這是因爲二個因素，阻滯了物價。一是因爲通貨膨脹逐漸削弱了購買力，物資的需求減低了。一是物價管制，多少扭曲了物價上漲。

抗戰開始到廿七年底，這時期，因爲通貨膨脹較緩，一般人並不因爲貨幣貶值而抬高物價，上漲多半因爲物資缺乏。這種物價上漲是戰爭信用膨脹的影響。因爲軍隊和政府機構擴大了，軍費增加了，購買力大爲增加，這龐大的購買力，却配應着沿海淪陷後物資的日益減少，當然要引起物價高漲。這時期由於抗戰動員，很少人失業，物價上漲反而推動了若干新事業。這時期，有的商品反而下跌，例如出口物資，絲茶桐油。由此可見，抗戰初期由於財政經濟政策還比較循乎正軌，通貨膨脹未烈，物價也還比較安定。

廿八年到卅年底太平洋戰爭爆發，通貨膨脹已由潛伏而顯著。由於政治上的團結已現裂痕，國民政府忙於反共，同時也就由抗戰初期的團結走向分裂，於是財政經濟上走向更多的倚賴通貨膨脹，壓榨中下階層，而且官僚資本也逐漸以囤積居奇，外匯逃避，貪污等方式，來蓄積資本。這時期，通貨增發甚多，同時，後方的商品開始猛漲。其中，尤以廿九年的糧食暴漲和棉紗暴漲，領導了全部物價上漲。這時期，所有物價都無例外的上漲了，同時漲得很快。

卅一年至卅四年八月，這時期通貨膨脹是衆目彰彰的趨勢，誰也不隱諱了，同時政府也着力於征實，掌握物資。這時期通貨膨脹惡性循環的一切徵象，更顯著了。由於通貨膨脹剝奪了士兵，公務員，教職員，職工的購買力，貨物已經賣不出去了，這便形成一種現象：一面物資缺乏，一面是無錢買貨，這是中國式的生產過剩，我們可以稱爲戰時經濟危機。這危機於三十二年便開始了，生產總指數由卅二年的五二〇・四一，跌至卅三年的四七〇・一二，其中消費用品指數由一〇一〇・〇一，跌至八四九・九四。工廠減產裁工，大廠勉力維持，小廠早已停歇。這種情形下，失業人數增多，購買力更形減退。這種情形却阻障了物價上漲。同時限價政策開始，當局的管制加緊，這就造成了物價不平衡的上漲，例如物價與工價，成品與原料，外貨與國貨的全盤脫節。這種情形下，通貨膨脹的過程，對勞動人民的剝削更大了。

物價上漲的不平衡

第三階段所激化的物價上漲不平衡率，最爲顯著：

第一各類物價的不平衡，中央銀行曾把物價分成食物纖維燃料金屬木材雜項等六類，這六種物品上漲得便不一致。卅年以前最貴的是金屬，但後來相形減低了。卅四年七月，食物約爲戰前的一千四百倍，纖維爲三千倍，燃料爲三千五百倍，金屬爲二千八百倍，木料爲二千倍，雜項爲八百倍。一般而論，戰爭開始時日用品奇缺最貴，其後因爲要生產日用品而工廠復工，生產用品五金機器等，暨工業原料最貴。有一度糧食最貴，因爲被管制了，政府又控制有徵實米谷，游資投機轉向到紗布，紗布大漲。這種不平衡性，大體上是農產品最初漲得多，後來漲得緩。五金機器及工業出品，起初漲得兇，後來甚至回跌。物價差額造成的利潤，工業家只有二十九年至三十二年獲利，地主則始終獲利。

第二原料品與製成品漲價不平衡，三十一年，重慶的原料品指數爲三十二倍，半製品爲五十二倍，製成品爲一百二十六倍。這是工業利潤最厚時期。但至卅二年底，因爲製成品有限價，原料無限價，這比例便改變了。如以廿八年爲基期，卅二年度糖酒漲上一八九倍，酒精漲一百二十五倍。這都造成了都市工業的衰退。

第三物價與工價上漲的不平衡。戰時並沒有生活指數作爲工價決定的依據，也沒有完整的工資材料供我們研究。我們姑且以士兵生活爲例，說明全盤薪工階層（從教授、職工、到官兵）報酬的惡化。卅三年十月改善後的官兵待遇，將官收入合戰前貨幣八元至二十元，尉官爲一元二角至三元。士兵每月得數百元，合戰前貨幣不及一元。連同實物計算，官兵待遇約合戰前五十分之一到三分之一。其中將官與士兵的差額約爲三百比一，少尉與上將差額爲一比十。這又是多大的懸殊。

據楊西孟氏統計戰爭九年來昆明大學教授的薪津和薪津實值如下，由此可見其生活的艱苦及通貨膨脹的剝削。

年代	生活費指數	薪津約數	薪津實值

廿六年上半年	一〇〇	三五〇	三五〇・〇
下半年	一〇八	二七〇	二四九・五
廿七年上半年	一一五	三〇〇	二六〇・八
下半年	一六八	一二〇〇	一七八・五
廿八年上半年	二七三	三〇〇	一〇九・七
下半年	四七〇	三〇〇	六三・八
廿九年上半年	七〇七	三〇〇	四二・四
下半年	八八九	三三〇	三七・一
卅年上半年	一、四六三	四〇〇	二七・三
下半年	二、三五七	七七〇	三二・六
卅一年上半年	五、三二五	八六〇	一六・五
下半年	一三、六一九	一、三四三	九・九
卅二年上半年	一九、九四九	二、一八〇	一〇・六
下半年	四〇、四九九	三、六九七	八・三
卅三年上半年	八二、九八六	九、四一七	一〇・〇
下半年	一四三、三六四	一七、八六七	一〇・七

卅四年上半年	四三〇、七七三	五六、六五〇	一〇・九
下半年	六〇三、九〇〇	一一三、七五〇	一八・五
卅五年上半年	五一四、一九〇	一四二、六六〇	二七・三

（一一五月底）

第四各地物價的不平衡。由於戰時交通阻絕，各地物價的波動，居然各成一個範圍。例如戰爭初期以重慶爲最高，上海爲最低。後來則以昆明等地爲高。這都是因爲各地物資轉運，需要的運輸費很多的緣故。

二　物價管制帶來了統制經濟

物價管制的由來

由於物價上漲太快，發鈔票已經成爲不太有利的事情了。這就使當局趨向於物價管制。

法幣增發實值下降表（二十六年六月爲一〇〇）

年　月	法幣發行指數	剔除物價影響以後
二十六年　月	一〇〇	一〇〇
二十六年十二月	一一七	一一三

二十七年六月	一二三	八六
二十七年十二月	一六四	八八
二十八年六月	二一三	六一
二十八年十二月	三〇五	七九
二十九年六月	四三一	六三
二十九年十二月	五六〇	四〇
三十年六月	七六三	四八
三十年十二月	一、〇七六	四一
三十一年六月	一、七七三	九
三十一年十二月	二、四四二	六
三十二年六月	三、五四四	五
三十二年十二月	五、三五七	八
三十三年六月	八、七二五	四
三十三年十二月	一三、四六四	四

法幣增發的實值，竟由一〇〇跌至四。法幣貶值物價高漲，對於政府自身也是很大的打擊。因爲打仗期間，最大的購買者是政府及其軍隊，他們勢必要高價購買商品。結果强迫節省物資，并降低士

兵公教人員生活，間接的沮喪了士氣。於是政府當局不能不採取物價統制政策。

物價管制的形成

物價統制政策的形成，在民卅年以後。抗戰初期到二十七年初，政府因爲物價有漲有跌，不加干涉，只救濟一部份出口物資。廿七年三月至廿七年六月，政府統制外匯，但是不統制物價。二十七年六月至廿八年十一月，政府開始干涉物價，頒布法令。二十八年十二月至廿九年底，成立日用必需品平價購銷處。但是廿九年米糧飛漲粉碎了這種限價政策。

卅年成立了經濟會議，又設立了糧食部，但物價仍然上漲。卅一年又將經濟會議改組爲國家總動員會議，經濟部加設物資局。卅一年底開始實施蔣兼院長的『加强管制物價方案』，當中規定重要物品若干種，嚴格實施限價，同時凡經管制價格之物品，自生產出廠以及運販銷售，一律實施登記，管理買賣，必要時並得由各級管制機構逕行强迫征購。這便奠定了當局由統制物價而造成的統制經濟的基礎。然而這種統制，並不能扼止物價上漲，到了民卅三年五月，物價已漲過戰前四百倍，國民黨十二中全會，通過『加强物價管制方案緊要措施案』，一套八股時文。國家總動員會議，終於民卅四年三月九日撤銷了。存在的四十六個月中，物價上漲了五十倍。

統制經濟系統

要平抑物價，首先必須停止通貨膨脹，平衡財政收支。但是國民黨當局不願意將抗戰財政的負担，加重到巨富身上。一面實施通貨膨脹，一面管制物價，這是掩耳盜鈴，自欺欺人的辦法。但是，管制物價却無形中建立了政府的統制經濟系統，對於若干工業的生產到出售，全盤統制，如重工業輕工業各重要產品，無不限價。而且往往只管成品不管原料，這就造成物價的畸形現象，即不限價物品往往狂漲，限價物品的原料漲過成品。中國政府本來是官僚機構，管制物價時管成品不管原料，管漲價不管跌價，終弄得生產停頓。管制物價的口號下，統購統銷，這更是官僚資本打擊民族企業家的工具，如花紗布局生產局工礦調整處日用品供需處，都廉價迫購民營廠出品，待價而沽。

囤積居奇自然也是促進物價上漲的一個動力。自統制經濟實施以後，經濟特務——經檢隊橫行，民間絕不敢囤積，倒是政府機關和公營機構開始囤積，例如花紗布局，農民銀行等。囤積居奇是物價暴漲下的副產物。因此，八年抗戰的物價管制，是完全失敗的。但是當局却也達到了一個副目的——即是損民族工商業以自存，從統制經濟當中，削弱了民族企業家，膨脹了官僚資本家。

三　戰後物價的再度高漲

物價由跌而漲

抗戰勝利，帶給人民以和平建設的幻象，那時候，物價開始下跌了。八月中旬下跌的速率很快。後方布疋百貨顏料下跌百分之四十，五金電料下跌百分之廿，黃金由十七萬跌至十二萬元，美鈔由三千跌至一千八百元。這時物價由戰前三千倍，跌至一千五百倍左右。（當時各地物價不平衡，重慶成都超過二千倍，貴陽西安超過三千倍，昆明幾達六千倍。）

收復區如用法幣折算，物價約爲戰前的三四七倍。較後方尤低。

卅四年九月底至十一月底，物價開始回漲。上海物價與後方相差四倍，上海的物價便開始上漲。十月上漲至五八五倍，十一月漲至戰前二千倍。大後方物價也回漲了，十一月較九月份高漲百分之二十至四十。

卅五年二月春節起，中國的物價又進入新的內戰時期，開始猛漲了。全國物價水平，又漲上戰前的二千五百倍，收復區內的食糧因蘇錫趕購軍糧上漲超過大後方，物價上漲的領導地區，由重慶移至上海。

卅五年三月起，當局爲了要穩定民心，放胆內戰，宣佈了二〇二〇的匯率，希望以便宜的美國貨，引進來平抑物價。這種做法開始是頗收效果，但是不久米糧棉紗的漲價，便打破了粉飾的太平。到了九月間，外匯漸枯竭，匯率提高到三三五〇，物價便猛漲百分之五十以上。其後棉紗麵粉黃金美鈔的價格都一跳再跳。到十二月間因爲外匯枯竭，外匯售出甚少，黑市巳漲上七千，黃金也巳漲上三百七十餘萬，各種貨物也猛漲百分之五十。卅六年春節後，中國物價巳進入新的狂漲時期，黃金二月十日爲止，巳漲至九百萬以上，美鈔漲至一萬五千，米糧漲至十五萬元，各貨上漲在一倍左右。中央銀行本來有黃金外匯作爲平抑的工具，現在因爲卅五年度用盡了，便表現了束手無策。接着當局在二月十六日頒布了經濟緊急措施方案，宣稱要凍結全部物價，但是中央銀行統計，二月十三日物價指數爲一萬二千倍。

按照通貨膨脹由卅五年底的一萬億漲至三萬七千億，加了近四倍來說，物價水平在卅五年初至年底由九百倍漲至六千倍，重慶由二千倍漲至四千倍，（據千家駒氏估計，物價上漲約至戰前一萬倍），可以說，漲得並不多。這原因便在於美國貨的傾銷，和國內經濟危機的影響。美貨暨聯總物資美軍剩餘物資合計，約值十億美金，這種大量傾銷，冲淡了物價上漲。

但是這種政策正好加强了國民經濟的崩潰。由於美貨傾銷，物價抑住了，但是國內工業的原料却不斷上漲，終至國貨成品售價不及成本。這促使了工商業的崩潰，倒號關廠停工減產，又增加了失業人數，使大衆購買力愈形降低。美貨傾銷和大衆的赤貧化，成爲物價上漲的阻力。

卅六年度物價

經濟緊急措施頒布以後，到三月底爲止，據中央銀行統計，上海物價跌落了百分之三·九，重慶跌落了百分之二·五。這是因爲金鈔對於物價確有領導作用，而停閉金鈔市場以後，這領導作用隔絕了。同時凍結在金鈔上的游資，因爲當局的嚴緝黑市，也不能大量出籠。同時商品市場施以軍事性的「監查」，短期內發生了作用。這時期游資由商品而轉移到證券。

卅六年四月又升起一次漲風。這次漲風不像卅五年的歷次漲風，並不以金鈔爲主導。而以米，油，紗，生活必需品爲領導，上漲的倍數白米爲三倍弱（十一萬漲到卅萬），食油爲二倍强（廿五萬元漲到五十六萬元一担），紗漲一倍弱（廿支特雙馬由三百四十餘萬漲至六百六十餘萬元，）時間經過一月之久。

卅六年六月底漲風又起，因爲魏德邁來華，可能促成美國貸欵，沒有漲得起來。八月十五日政府改訂外匯市價由一萬二千升爲三萬八千，而且追隨黑市隨時掛高，於是九月初物價又起第三次漲風，至十月仍未止。

卅六年度與前不同的，是資源的絕對枯竭，黃金六百萬兩，外匯九億美元，敵僞物資及剩餘物資，幾乎全在三十五年度消耗於和緩通貨膨脹平抑物價上漲。卅六年二月的黃金潮，把這空虛顯露出來。因此一年來物價的上漲是驚人的。

據：男龍桂氏根據中國經濟研究所物價指數改製統計，卅六年一月至九月物價指數如下：

一月	一、〇〇	六月	三、六一
二月	一、七五	七月	四、五三
三月	一、七九	八月	四、八二
四月	二、一七	九月	五、四二
五月	三、一七		

根據密勒士評論報估計，卅五年物價上漲平均每月百分之十五，全年漲百分之五三六，卅六年度

物價上漲平均百分之二十五，每三月平均上漲一倍，一年可能上漲十六倍。

抗戰時代，法幣發行與物價上漲的相關係數爲十〇・九九七一。

方顯廷氏及其中國經濟研究所的物價統計均以廿五年爲基期，據方氏統計，民廿五年發行爲十四億。民卅五年底發行較戰前增二千五百倍，物價漲了八千倍，物價比發行快三倍。民卅六年四月爲止，發行增至五千倍，物價爲三萬倍，物價比發行增五倍。又七月底止，發行爲八千四百倍，物價爲四萬六千五百倍，比率爲一與五・五三之比。相關係數變化了。

卅六年度物價的漲風，與米煤花紗油物資的絕對缺乏，有密切關係。流通物資的缺乏，（據估計國民所得僅爲戰前的五分之二），貨幣發行的加速，和通貨流速的增加（上海行莊抽查三十家，統計活存流速三十六年一月爲一九・七，二月爲三二・三，三月爲三六・一，四月爲三八。戰前爲二，增加一九倍之巨），致使物價上漲益速。

總之，卅六年度物價上漲與卅五年大不相同，其速度快，而且漲風展開的時期加長，間歇回跌期縮短，這一切均爲接近貨幣總崩潰的象徵。

勝利以來物價統計

勝利以來，全國物價的波動，據中央銀行的統計，重要商品躉售物價指數如下：

年月	重慶	上海

三十四年八月	一七九、五〇〇	
九月	一三三、六〇〇	
十月	一二八、四一七	三四、五〇八
十一月	一三五、〇八五	三七、八六二
十二月	一四〇、四四八	六六、二五二
三十五年一月	一三三、七一二	九二、八四二
二月	一四一、七五〇	一七五、六〇四
三月	一四七、八〇〇	二五五、九九四
四月	一七七、五三〇	二五八、二三一
五月	一八七、八九六	三八〇、七二五
六月	一七一、六四八	三七二、三七五
七月	一五九、五六一	四〇七、一八二
八月	一五八、三一八	四二八、五五〇
九月	一八六、八九一	五〇九、一五六
十月	二〇九、四四〇	五三六、三〇〇
十一月	二三六、四〇六	五三一、七六八

十二月	二六八、七六三	五七一、三一三
三十六年一月	三五三、七〇八	六八六、八三三
二月	四九二、三六九	一、〇六六、四五〇
三月	四三九、八五〇	一、一二〇、八四六
四月	五〇二、一七八	一、四二五、二五八
五月	六四〇、〇五七	二、四三一、三三三
六月	九四五、三四〇	二、九九三、〇七一
七月	一、三五三、五六三	三、一一六、八五七
八月	一、四七一、六六七	三、二九八、〇〇〇
九月	一、八六五、八二六	四、三三五、三〇〇

中央銀行的物價指數，以二十六年上半年爲基期，採加權幾何平均，包括項目爲二十三種，其中食物十一種，纖維三種，燃料二種，金屬兩種，建築材料二種，雜項兩種。總計食物佔百分之四七·八，出口物佔百分之十七·四，動物產品也多。其指數側重農產品，不重工業品及外國輸入品，因爲抗戰時期海口失去，外貨甚少，故幾乎成爲農產品物價指數。由於廿六年上期物價已因準戰時而上漲，同時農產品價格同來低於工業製品及外來貨物，故其指數往往低估了物價上漲的傾向。

方顯廷氏主持的中國經濟研究所，亦編有上海批發物價指數，其特色有三：一是以二十五年爲基期，因爲該年物價最平穩，而廿六年上期爲準戰時，物價已上升了。二是其指數以基期爲一，而非一百，使倍數更簡明。三，其指數兼重纖維，雜項物品，進口外貨列爲二十二種，佔百分之二五·六〇（欲知其此處請參攷拙著新貨幣學）

中國經濟研究所的物價指數較之中央銀行指數爲高，三十六年九月相差三分之一，中經所爲六萬倍，央行爲四萬倍。這證明民間學術機構較之官方編製指數，要更客觀而正確。

茲錄中國經濟研究所勝利以後物價指數如下：

上海批發物價指數簡單幾何平均（民廿五年爲一）

年月	指數
三十四年九月	三四六、七
十月	五八四、七
十一月	一、九三一
十二月	一、七五〇
三十五年一月	一、八〇九
二月	二、九九五
三月	四、三〇七

四月	四、〇九八
五月	四、三七四
六月	四、六二八
七月	四、八九九
八月	五、〇一〇
九月	五、八六五
十月	七、〇三六
十一月	七、三五九
十二月	七、九五八
三十六年一月	一〇、三六二
二月	一七、六九八
三月	一八、三六一
四月	二二、一六一
五月	三二、七〇二
六月	三七、一六七
七月	四六、五五七

八月	四八、九二四
九月	六〇、五一九

四　生活費指數

生活費指數的意義

生活費指數，本來也是物價指數的一種，與零售、躉售物價指數連繫的，由躉售指數，到零售指數，再到生活費指數。生活費指數一樣顯示得出來物價上漲的程度。抗戰勝利以後，上海職工運動的勝利之一，便是按生活費指數發給薪水，這便是職工躲避通貨膨脹的損失的方法。

上海編製工人生活費指數很早，約在民十八年，上海社會局在蔡正雅氏的主持下開始。眞正用來計算工資，則從勝利後始。

生活費指數的理論，是採取某一時期的實際生活爲基準，研究他所需的費用，假定爲一〇〇，然後再按每一時期物價水平，計算需要多少生活費。

上海市頒布的生活費指數有三種：一是西僑生活費指數，一是職員生活費指數（包括工商界行政機關職員教職員），一是工人生活費指數。職員平均家庭人口是七・〇六人，工人平均人口是五・〇四，平均消費單位，職員爲五・五二人，工人爲四・四三人。職員消費物品爲九十六種，工人消費物品爲六十種。

生活所需物品分類比較表

類別	職員	工人
食物	四七·三四	六五·七〇
房屋	一五·二九	一七·七四
衣着	一三·四七	四·八七
雜項	二四·六三	一一·六九
總計	一〇〇·〇〇	一〇〇·〇〇

社會局決定工人生活指數的基數採用了三百零五家的帳目，每家約三口至六口，月收二十元至六十元，記帳時期自十八年四月至十九年三月，採用物品計食物三十一種，衣着十一種，房租三種，燃料八種，雜項七種，共六十種。然後再加權平均，即求得各種物品應得之比重，以增減其對指數的影響，即得各種物品之消費數量，亦即權數。

平時工作則爲調查物價。工人生活指數編製每星期派員至工人區域，以求一個月之平均價。計算時公式爲某一時期內銷售量爲權數之加權總合式，用記帳結果爲固定權數，計算生活指數：

$$\frac{\Sigma P_1 Q_0}{\Sigma P_0 Q_0}$$

Qo代表家計調查每種物品之消費量，作爲固定權量，Pc及Pl代表基期及計算期各種物價通常計算。

價格的基期，最初以民十五年全年爲基期，後來改以廿五年全年爲基期。

上海歷年指數

上海歷年生活費指數（加權綜合法·上海社會局製·民廿五年爲一〇〇·自卅六年一月改爲一）

時期	指數 工人	指數 西僑·職員	每元購買力（合每分） 工人	每元購買力（合每分） 西僑·職員
廿六年	一二九·一		八四·〇	
廿七年	一五〇·六		六六·四	
廿八年	一九七·五		五〇·六	
廿九年	四二八·四	二七八·三	二三·四	三五·九三
卅年	八二六·二	三〇八·一	一二·一	一九·六八
卅一年	一、九九三·六	一、二六三·七	五·〇二	七·九一
卅二年	七、二二五·七	三、九三四·四	一·三八	二·五四
卅三年	四七、七五〇·五	三一、三六七·六	〇·二一	〇·三二
卅四年九月	二九、九二三·六	二一、二三一·五	〇·三三	〇·四七
卅五年元月	一三六、九九〇·〇	一三五、七三五·七	〇·〇九	〇·〇七

二月	二〇六、六八〇•五	一八二、一八四•二	〇•〇九	〇•〇七
三月	二七五、四二三•二	二七〇、〇五二•三	〇•〇三六	〇•〇三
四月	二六九、四三〇•四	二七三、五三三•一	〇•〇四	〇•〇四
五月	四〇九、五七八•七	二八九、一一五•五	〇•〇二	〇•〇四
六月	四〇四、〇六五•四	三三〇、一二三•六	〇•〇二	〇•〇三
七月	四四九、四二〇•五	三七三、七八八•一	〇•〇二	〇•〇三
八月	四五三、六七四•六	三九〇、〇八八•〇	〇•〇二	〇•〇三
九月	四九六、七四〇•〇	四一七、七四八•〇	〇•〇二	〇•二四
十月	五二一、八五五•七	四五一、一三一•九	〇•〇二	〇•二四
十一月	五六八、四六四•二	五〇〇、〇六一•九	〇•〇二	〇•〇二
十二月	六四八、〇三二•九	五二八、二九二•八	〇•〇二	〇•〇二
卅六年一月	七、九四六	六、七〇四	〇•〇一五	〇•〇一五
二月	凍結	凍結		
三月	凍結	凍結		
四月	凍結	凍結		
五月	二三、五〇〇	一六、三七五		

六月	二五、三〇〇	一九、七〇〇
七月	二六、七〇〇	二三、七〇〇
八月	三一、〇〇〇	二六、七〇〇
九月	三四、四〇〇	

無可否認，這個工人生活費指數及西僑職員生活費指數在抗戰期間是相當正確的。因此工人的薪工便要求按戰前底薪若干元乘生活費指數，得出應付的工資。後來，上海的工業家，感到了薪水加高的重負，又面臨着外貨的傾銷，便要求上海市政府平抑工資，企圖以低廉的勞動，挖肉補瘡，來與外貨競爭。上海市政府便指示主持生活費指數的人，留心調整指數。蔡正雅氏因此去職，這生活費指數也就失去了可靠性了。

指數的低估

例如卅五年九月份外匯調整以後，物價飛漲，生活費指數應該增漲，但事實不然：

月份	中央銀行躉售價指數	上海市府生活費指數	生活指數較物價指數
八月份	四二八、五五〇	四五三、六七四	增加了百分之五·九
九月份	五〇九、一五六	四九六、七三九	減少了百分之二·六

批售指數之下，零售指數應該很高，生活費指數尤高，八月份便是如此。九月份却倒過來了。中央銀行物價指數本來即有低估物價上漲的傾向，生活指數的增加竟比這少，更是荒謬絕倫。因此，圍

繞着生活指數，上海的輿論界和職工發動了訴諸統計學者良心的鬥爭。

通貨膨脹不停止，生活費指數的鬥爭，只是目前的改良的鬥爭，幷不能眞正避免通貨膨脹的剝削。卽令是編製得很正確，每月的薪資，月底發出來以後，決不够次月的用度，永遠在虧空借債之中，幷不能避免通貨膨脹日益剝削生活費用的作用，何況生活費指數掌握在政府機關手裏，隨時可以運用自如呢？

生活指數宣布凍結

卅六年二月十六日政府頒布了經濟緊急措施方案，規定了生活費指數要凍結，以一月份生活指數的最高數，而且不得增加底薪。按照這辦法，公敎人員的薪津本來每三月調整一次的，也凍結了。凍結以後，當局再舉辦日用品配給制度，食糧布疋燃料，統由政府配給。

配給制度的辦理是否眞能安定公敎人員生活？

單說上海市政府本身的職員，生活必需品的配給價，便不斷上漲。例如糖一月份售七千元一斤，二月份便售一萬一千元，西貢米巳售七萬元，與黑價一般。物資供應局的貨物，也跟着漲價。同時後方辦配給的腐敗情形一一重見於今日，煤球一半以上是泥土，煤屑不及一半，米油鹽多秤少發。

公敎人員的呼聲是：三月調整一次薪給！

社會局的盤算，上海工人有二十一萬五千六百五十人，若實行配給，要米十七萬二千五百二十石，油一萬零七百八十二担，煤一萬二千一百七十三噸，鹽一萬零七百八十二担，布一百零七萬八千二百五十市尺，糖二千一百五十六担。這絕對不是社會局力能勝任的。

於是社會局採用了一種工人配實物差額折合制，實際上仍是生活指數，把生活指數減低。編製生活指數，是採用六十種日常用品，現在則僅採用米、布、煤、油、糖、鹽等六種，按其一月份價與二月份價之間的差額，發給差額補貼。實際上其餘五十四種日用品價仍然上漲，這便不能不吃虧了。

按照那個算法，二月份的差額補貼費爲七萬三千元。其算式如下：

	一月份平均價格	二月份平均價格	差　額
米（每担）	六六、八〇〇元	一一〇、五〇〇元	四三、七〇〇元
油（每斤）	一、五八九元	二、七〇〇元	一、一一一元
鹽（每斤）	四三三元	六三三元	二〇〇元
糖（每斤）	一、七〇〇元	二、九〇〇元	一、二〇〇元
煤球（每担）	一五、〇〇〇元	二六、〇〇〇元	一一、〇〇〇元
布（每尺）	一、三五〇元	三、五〇〇元	二、一五〇元

米每人八斗計三四、九六〇元，油每人五斤五五五五元，鹽每人五斤計一〇〇〇元，糖每人一斤二〇〇元，煤球每人一担半計一九五〇〇元，布每人五尺計一〇七五〇元，以上六種差額共爲七二九

六五元。

但各工會仍舊要求解凍生活指數。官方有關的總工會一方面表示接受差額津貼，一方面仍要求三月調整生活費指數一次。

當局的本意在於以生活費指數凍結，換取民營工業不准漲價的諾言，國營事業却可以漲價。但是民營工業家對於工資的威脅，并不感到嚴重，同時知道如果工業品價格不准上漲，縱然工資不增加，原料漲了，仍然一樣蝕本。可見得當局這個政策是兩邊不討好的。

經濟緊急措施的本意在於一切物價、工價的停止上漲。實際上，通貨繼續膨脹，物價的穩定是不可能的。然而生活指數却眞被凍結了，而且差額補助費，二月份是七萬三，三月份還是七萬三，職工生活這樣被凍結在貧困之中。

生活指數解凍以來

卅六年五月因爲學潮澎湃，當局綏靖工人，允予解凍生活指數，而且爲了使工人滿足，指數特高，較凍結前提高了一倍。

解凍以後的生活指數，漸漸成爲政治的氣候表。工潮來臨時提高，低潮時較低。

卅六年九月生活指數發表爲三萬四千四百倍，其時物價指數如下：

月份	中經所物價指數	央行物價指數	上海市政府公佈生活費指數
卅六年八月	四八、九二四	三、二九八、〇〇〇	卅一、〇〇〇

卅六年九月	六〇、五一九	四、三三五、三〇〇	三四、四〇〇
上漲率	25%	30%	11%

卅六年九月因爲外匯市價上揚，百物飛昇，白米上漲尤巨。央行統計以農產品爲主，故上漲率最巨，達百分之三十，中經所亦達百分之廿五，祇有以食米爲主的生活費指數，却僅漲百分之十一。

上海市政府在卅五年九月物價指數風潮時，應卽公佈生活費指數各項目的權數，及基期物價，因爲一經公開，人人可以自行統計製作，就無神祕性，同時可見眞實。但是上海市府不願公佈。以前公共事業未漲價，則說明公共事業佔權數極大。洋貨漲時，卽說生活費指數側重食米等農產品。此次白米漲價，則聲稱白米有配給，不能依市價估計。上海電車工人爲生活費指數是否眞實卅六年十月曾爆發一次工潮。

公教人員按指數發薪

由於公教人員實薪日益減低，士氣漸趨消沉。三十六年十月立法院曾擬議改採生活費指數發薪。其具體辦法爲：公教人員應以戰前薪水三十元爲基礎，按生活指數分區計算，其超出部份，三百元以下照生活費指數十分之二支給，三百元以上照生活費指數十分之一計算。

其生活費指數，並非工商職員生活費指數，而爲各級政府統計機構編製之公教人員生活費指數。九月份上海指數爲四萬六千倍，遠超出職工指數，其原因在於文化教育費所佔百分比甚大，而上漲最速。

但是此議如付實施，勢須膨脹預算。公教人員對此甚感興趣，是否能付實施，則頗待爭取。

第三章　逼煞人的高利貸

通貨膨脹，本來有三種方式：信用膨脹，紙幣膨脹，匯兌膨脹。中國戰時的紙幣膨脹匯兌膨脹，大家已經很淸楚了。惟有信用膨脹却呈現完全矛盾的現象，一是軍費信用膨脹，一是生產信用緊縮。

什麼叫信用和信用膨脹，前面已經談過，信用膨脹，卽是多借錢出去。可以發鈔票的銀行，不管準備金不够，拚命多發，好應付政府要錢，這便是信用膨脹，也便是通貨膨脹。做存放欵的銀行，不按存欵的比率多做放欵，間接又增加了自己的存欵，這種儘量多放欵政策，便是信用膨脹。通貨膨脹的情形下，信用應該更膨脹。在英美，一般信用制度好，大家喜用支票，（佔流通金額百分之九十，只有百分之十用現鈔付），往往發十萬元通貨，便要創造出九十萬元支票。這就是說通貨膨脹一尺，信用膨脹一丈。

例如戰前的中南銀行，它有十萬元的發行鈔票權，它把十萬元鈔票貸放出去，那些接受貸欵的工廠便把鈔票存進來，它又將鈔票貸放出去，這樣循環放出去許多欵子，平日只要開支票，中南銀行儲備一二萬元的現鈔，就够應付了。這便是資本主義的信用制度。

戰前二十五年發行鈔票總額不及八億元，但存欵便有三十四億八千二十九萬元。這便是創造信用的作用，存欵爲紙鈔的百分之四百三十五。

一　信用政策的三階段

中國的戰時信用，我們將對政府墊支軍費的賒借除開，是緊縮的。在抗戰後期，甚至公開執行信用緊縮政策了。其間經過了三個階段：一是戰爭開始金融恐慌信用緊縮時期，一是戰爭初期信用膨脹時期，一是戰爭後期信用緊縮時期。

戰爭開始時的金融恐慌

八一三戰爭爆發，全國的銀行都面對着擠提存欵的風潮，那時候誰都想把錢提出來存在身邊，或運出口岸，換取外匯。二十六年八月，上海運出的法幣便有八萬萬元，佔發行額十四億之半。二十五年銀行存欵三十四億元，活期存欵估計約十九億元，一旦擠提是很危險的。當時公佈不准提存百分之五以上。同時各銀行便厲行信用緊縮了，不敢再放欵。中中交農爲了救濟金融恐慌，二十六年底爲止，貼放了二萬萬元。

當時國家行局的發行正在劇烈增長當中，但是由於戰爭的壓力，銀行信用始終在收縮，這種情形，直至廿八年底，依然如此。

抗戰初期存款統計（單位百萬元）

年份	國家銀行存款	省銀行存款	商業銀行存款

二十六年六　月底	二、四六二	一六七	一、〇四〇
二十七年十二月底	二、七一五	一八四	九三五
二十七年六　月底	三、四三五	一九五	九〇三
二十七年十二月底	四、二〇三	二三四	九三二
二十八年六　月底	五、二七四	二七二	九九九
二十八年十二月底	六、三三三	三五九	一、〇七四

國家行局存欵的增多，是因爲鈔票發給政府機關用，各機關又把這存入行局。省銀行增加甚微，商業銀行更形減少。

扶持生產事業信用擴張

政府的財經政策，在初期因爲國內團結的影響，比較照顧工商業利益，在輿論界倡議的一面抗戰一面建國的壓力下，開始信用膨脹政策，作生產事業貸放。二十六年公佈了中中交農聯合貼放辦法，二十六年公佈合作貸放辦法，廿八年辦理合作金庫，廿九年四聯總處公佈三年經濟建設計劃，要大規模舉辦生產事業。

物價上漲信用收縮

三十年九月間，因爲物價飛漲，大家責備囤積居奇，便歸咎於信用過於容易獲得，隨便可以借到錢，是助長囤積居奇的原因。於是要求信用緊縮，輿論界有一部份人，大做其「緊縮論」，要求把抗戰無關的事業儘量緊縮，尤其主張緊縮信用放欵，其提議爲：收縮鈔券，收縮信用，根本則爲收縮事業。

自此以後，國家行局便開始執行信用緊縮政策。尤其每逢年節，國家總動員會議便以緊縮信用，造成銀根緊急，來打擊物價上漲。這種政策，平抑物價的功效如何，是大家都已看見的了。但其副作用，造成銀根緊和高利貸，則又成爲生產頹敝，工商崩潰的原因。

二　戰爭逼迫下的信用緊縮

通貨在膨脹信用反緊縮

抗戰期間，信用緊縮，這是一般的趨勢。原來支票與現鈔可以是九比一，戰時則可能只有三比一，或二比一。據財政部楊壽標氏統計，其趨勢大體是法幣發行額增長最速，連同各省銀行所發鈔票，稱爲貨幣流通總額，其趨勢顯出發行通貨之膨脹。若將銀行的信用卽存款（叫存款通貨），信用支票，都算作信用通貨，連同發行總額估計，統稱爲通貨數量或信用，則顯見其指數遠落後於發行指數。以下一個統計，其中通貨數量是將中中交農四行的活期存款加上貨幣流通總額（包括法幣、省鈔）。（商業銀行本應計算在內，但統計甚缺，其數亦小）

通貨數量指數表（廿六年六月＝一〇〇）

年　月	貨幣流通總額指數	四行活存指數	通貨數量指數
二十六年六月	100	100	100

十二月	一一三	一四〇	一二四
二十七年六月	一一八	一七一	一三九
十二月	一五〇	二九一	一七八
二十八年六月	一九四	二五六	二一九
十二月	二六五	二九九	二七九
二十九年六月	三六〇	三三六	三五〇
十二月	四五九	四一七	四四二
三十年六月	六一三	四三三	五三七
十二月	八四八	五五八	七三二
三十一年六月	一、三六七	七七九	一、三一二
十二月	一、八五四	一、二三三	一、六〇五
三十二年六月	二、六七四	一、五五三	二、二三六
十二月	四、〇二三	一、九七五	三、二〇三
三十三年六月	六、五一八	三、一九九	五、一九六
十二月	一〇、〇五三	六、〇三四	八、四四五
三十四年六月	二〇、〇八一	七、四一八	一五、六一六

通貨發行，如果是發行出來，有儲蓄制度，即儲欵的擴張，便可以把通貨蘊蓄起來，猶如蓄水池。以這信用，來培養工商業。所以通貨膨脹與儲蓄運動配合，不是壞事，不是擴大通貨膨脹，而是減少通貨膨脹。如果通貨膨脹，沒有很好的信用制度，吸收許多通貨到銀行來，則政府每需要一個錢，便得發一張鈔票，并沒有可以挪用的現鈔，這便加强了通貨膨脹。

存款減少 銀行變質

中國戰時通貨膨脹之下，信用通貨並未顯著膨脹，這是什麽緣故？這是通貨惡性膨脹時期不可避免的現象。英美戰時和緩的通貨膨脹，其通貨多膨脹成爲存欵，又儲蓄在銀行裏。在中國，抗戰初期，通貨膨脹緩慢的時期，四行活存確隨法幣發行而增長，自民廿六年至二十八年均如此。但自從民廿九年通貨膨脹轉劇，物價猛漲以後，形勢便改變了，因爲通貨貶值過劇，法幣貶值太快，存入銀行陡然損值。於是紛紛提出，由錢變貨。同時因爲人人不願存鈔票，到手就用出，便形成了貨幣流通速率的加速，相形之下，愈顯貨幣之膨脹，貶值愈甚。

不僅四行的存欵減少，即如商業銀行的存欵也減少。例如聚興誠銀行卅二年度的存欵，不過是廿六年的十四・四倍，四川省行卅二年存欵爲廿八年底四・四倍。這有幾個原因：第一，中國的法幣發行完全是軍費爲主，軍費消耗的對象，多在鄉村，並不在都市。外國軍費大部都成爲工廠定貨，通貨回歸到工商業，又回歸於銀行。中國的軍費多半消耗在吃用，消耗在鄉村。法幣發行不能創造工商業景氣，也不會增加都市金融信用。第二，過劇的惡性通貨膨脹，是破壞信用制度的。戰前初具規模的發鈔、支票制度，戰爭以來大被破壞。中央銀行發的便是不要準備金的紙票，同時各銀行支票退票的事也層出不窮。這一切使都市鄉村，都傾向於黃金美鈔貨物，誰也不願意存欵儲蓄。第三，信用制度本來是合中小階層的儲蓄和工商業的休閒資金而成，但是戰時由於人民的赤貧，已沒有什麼積蓄了，工商業也被通貨膨脹清算了，實力大損，自已應付開支都不易，遑論存欵以待。

戰時中國的銀行業可說是變質了。國家銀行依賴經管公庫以獲取存欵，再挾雄厚資力，經營獨佔性的貿易，如農民、中信，或接濟官僚資本，成爲一家的帳房，如中國，或則經營國庫存匯，以取得手續費，如中央，郵匯。商業銀行，則以黑市高利取得存欵，經營黃金美鈔投機，或從事囤積居奇，或直接經營企業，以獲取利息以外的利潤。

戰時儲蓄的減少

戰時儲蓄存欵增加數，較諸活存更爲稀少，四行儲存，自廿六年至卅四年，祇增加了三百二十二倍，其中尚有一部份爲外幣暨黃金儲蓄。由此可見戰時信用萎縮之一斑：

國家行局儲蓄存款數及指數（單位千元）

時期	總計 數額	總計 指數	其中黃金外幣儲蓄所佔數額
二十六年	一八八、四八八	一〇〇	
二十七年	二五一、五八三	一三三	

二十八年	三一、六三七	一六五	
二十九年	五三三、〇五九	二八三	五、〇二三
三　十　年	一、一〇四、四二五	五八六	五、八四六
三十一年	二、九七六、一四二	一、五七九	四四六、一六五
三十二年	七、三八六、五七四	三、九一九	一、九〇九、六七八
三十三年	一五、三五四、七四五	八、一四六	四、〇四二、〇二七
三十四年	七三、四四五、八一〇	二九、五四七	九、九五五、五五〇
三十五年	三六二、〇一五、八一七	一九二、〇六三	一七八、六九六、四一三
三十六年（三月）	四〇二、二八二、二五九	二一三、四二六	一五五、九七二、六一三

定期存欵與儲蓄存欵一樣，能够吸收游資，減少通貨流通，使資金蘊蓄。可是戰爭以來定期存欵，日趨減少，而活存大爲增加。活存的流轉迅速，無疑的增加了通貨的流速，助長通貨膨脹的聲勢。

抗戰開始時，活存對定存爲一·三對一，三十五年一月爲十八對一，三十六年六月爲九對一。這使銀錢業極難運用活存從事投資，同時活存又使通貨膨脹中通貨流通速率加快。

戰後信用趨向

抗戰勝利以後，又進入新的內戰通貨膨脹時期，根本的軌道並沒有改變，只有加强而已。只在勝利初期，因爲和平的幻象；有人把貨變成錢，一時顯得銀行業可能轉趨正軌，但這幻想不久便打破了。膨脹的通貨並未能循乎正常的信用制度回到銀行來。

三十五年上期全國銀行存款額（單位千元）

時期	四行存款餘額	省市縣及商業行莊存款	總計
三十五年一月	七八五、〇七〇、四〇九	七五、五〇三、三六二	八六〇、五七三、七七〇
二月	八八〇、三五〇、六〇三	八二、二九一、〇七〇	九六二、六四一、六七三
三月	九二八、九五二、二五四	一二一、九七〇、一五四	一、〇五〇、九二二、四〇八
四月	一、四七四、四三八、二八四	一八一、六〇一、一九九	一、六五六、〇三九、四八三
五月	一、五四五、〇〇五、五〇七	一九七、〇九七、三八六	一、七四二、一〇二、八九三
六月	三、〇一七、三二六、〇九〇	二三〇、五八九、八五二	三、二四七、九一五、九四二
七月	三、八九八、九八三、〇三三	三〇六、四九五、四八八	四、二〇五、四七八、五二一
八月	三、七一六、七二八、四二五	三三八、二一八、〇九三	四、〇五四、九四六、五一八
九月	四、二二三、八七六、一一一	三八九、六七三、一六八	四、六一三、五四九、二七九
十月	三、二六五、四五七、〇〇五	四一〇、六二七、五九九	三、六七六、〇八四、六〇四
十一月	四、五八一、三三三、七五八	四九六、八四二、四二二	五、〇七八、一七六、一八〇
十二月	五、一七六、五三六、八六七	四九七、〇六二、八七六	五、六七三、五九九、七四三
三十六年一月	五、一九二、四七四、六一八	六一三、八八六、四九一	五、八〇六、三六一、一〇九

二月	五、〇五五、九八四、一四八	七五四、〇九二、六九〇	五、八一〇、〇七六、八三八
三月	五、三〇七、一二〇、三四〇	一、六二六、四二九、九一〇	六、九三三、五五〇、二五〇
四月		一、四九五、一〇三、〇八〇	
五月		一、四〇二、二五四、一四〇	
六月		一、四二九、〇〇八、〇四七	

卅五年六月存欵總額約三萬二千四百億，同期通貨膨脹數約二萬二千億，顯然是稍多的。但比較廿五年以前的多出四倍又三點五，便不可同日而語了。卅五年六月，正好是物價比較平穩的時期，許多游資都流向銀行來。同時出售黃金外匯敵僞物資滯留銀行，也是增加存欵的原因之一。

存欵增加我們要分二方面來分析，從國家行局來說，這是官僚資本成長與集中的表現。中央銀行規定爲統一經管政府公庫的國庫，所有存欵都由商業銀行集中到中央銀行來。政府接管了中紡、招商局等，官僚資本的聲勢比較大，再則因爲出售黃金美匯和敵僞物資，也吸收了一部份欵項。所以，自五月份的一萬五千億，猛躍至三萬億，這是不太正常的。這種存欵加多是强迫的，而且又是財政性的。

從商業行莊方面看來，信用制度幷未恢復。國家行局吸收的是機關存欵，商業銀行才是吸收民間資金的。但商業銀行所吸收的祇有二千三百億，僅及四行存欵的百分之七。廿五年各銀行存欵卽有十八億七千四百九十萬元。，卅五年六月不過增加了一百廿三倍。由此可見龐大的通貨額幷沒有回轉到銀行裏來，戰前的信用制度仍然沒有恢復。

三　火上加油的信用緊縮政策

因爲中國信用制度受到破壞，中國的通貨膨脹幷不能培養一個很好的的信用膨脹，由於紙幣流出來，便不回到銀行來，便造成了信用枯竭的現象。由於存欵少，放欵便不能不減少，這便造成了放欵減少的信用緊縮的現象，這終於萎縮了國民經濟。

中國自抗戰開始以後，只有抗戰初期，曾經有過信用膨脹，那時政府爲了後方物資缺乏，發放低利貸欵，鼓勵民營工礦事業，一度造成廿九年前後的工商業戰時景氣，一方是物價高漲，生意好做，一方是充分就業，稍現繁榮。那時候的信用貸欵，還是以少量的通貨膨脹，發鈔票，來放貸欵的，但是其數目極其微小。

四聯總處的貼放

民卅年以後，在通貨緊縮的口號下，軍費的通貨膨脹無法停止，只有停止生產事業的信用放欵。自此以後，國家行局便不再大量的貸放於民營事業，四聯總處核做的貼放，也多半是放給國營事業或官僚資本。民營工商業從此便不能不轉向於商業銀行，渴求高利貸了。

抗戰以來四聯貼放數額（單位千元）

年期	新放款	展期款	總計
二十六年至廿八年	五三二、三九六		五三二、三九六
二十九年	六九六、四五四		六九六、四五四
卅年	一、五四五、四三三		一、五四五、四三三
卅一年	二、六一二、八七九	六六四、九七四	二、六七七、八五三
卅二年	九、五〇六、六一九	一、五八八、九二五	一一、〇九五、五四四
卅三年	二六、九九八、八一八	四、〇二五、七二九	三三、〇二四、五四七
卅四年	六三、一一五、一二二	一二、五五三、一八四	七五、六六八、三〇六
卅五年	六九五、九一七、八八八	四二、九五三、七五七	七三八、八七一、六四五
卅六年一—六月	一、[illegible]四八、八〇六、八六五	一二三、九二五、八〇〇	一、八五九、八二八、六六五

抗戰以來農貸結餘額（單位千元）

年期	總額
二十六年	三四、七一五
二十七年	六六、八六六
二十八年	一一三、九六六

二十九年	二一、四〇八
卅　年	四六五、三〇六
卅一年	六八四、五七〇
卅二年	一、五九一、四七九
卅三年	二、八八〇、三六一
卅四年	四、九二三、七五五
卅五年	三二一、一七五、一七五、一九一
卅六年六月	五一四、二九八、六四六、九八三

農貸是最有名無實的貸款，其中有許多是貸給各省政府築堤壩，有的貸給省農業改進所，有的貸給合作金庫，都是貸給官方的機構，并沒有貸給眞正的農民。農民需要錢用，仍然乞求於高利貸。

國家行局哺養官家資本

工商業在抗戰初期，獲得的貸款是可觀的，例如廿六至廿八年的五萬萬元，廿九年的六億元，對於後方工礦業的重建確有幫助。但在抗戰後期，政府當局忽然由信用膨脹轉向信用緊縮，這時候起，後方的工礦業便不能依靠四聯貸款了。四聯其後所發的工貸，其中貸給花紗布局、鹽務局、糧食部、資委會、各國營工廠，國營公司的爲最多，至少佔百分之六十以上。國家行局成爲官家資本的專任奶娘，不再哺養民族工業這羸弱的孤兒了。

四　高利率的形成

通貨膨脹與信用緊縮的結果是造成了高利貸。在通貨膨脹，物價高漲的情形下，利率本來有升高的趨勢。假定物價每半年漲上一倍，則貨幣半年之後貶值一倍，非要放息到一角五分左右，使半年之後貨幣加倍，才能保值。物價上漲愈速，利率上漲亦速。世界各國凡在通貨膨脹的國家，沒有不是利率高漲的。

在中國，利率的高漲，另一個原因便是當局的信用緊縮政策。

民營金融業衰退

當局的通貨膨脹政策，清算了江浙銀團，四川銀團，也清算了所有的金融界的力量。戰前江浙十二家大銀行發行鈔票約在二億五千萬，各行莊共擁有存欵十八億，國家行局鈔票約四億五千萬，存欵二十六億。這力量是不太懸殊的。但抗戰後剝削了商業銀行的發鈔權，便剝奪了銀行的創造信用的大能力。發行權先則集中四行，後來則集中到中央銀行。各商業銀行所執有的只是中央銀行的法幣。隨着通貨膨脹，各銀行的實際財富日日削弱。同時戰爭信用膨脹所引起的龐大的軍費政費存欵，又不准存入商業銀行，統由中央銀行經管。既剝奪了創造信用第一方式的發鈔權，又剝奪了創造信用的依賴——存欵，商業銀行的實際力量便日益削弱，不論江浙財團四川財團在抗戰過程中，都被削弱了，喘息於數個權貴的淫威之下。商業銀行所能吸收的民間存欵，又因爲國民財富被通貨膨脹淸算，中小資產階級的沒落而減少。這便使民間金融業的力量不斷削弱。上海各行莊卅五年七月底的存欵只有一千四百億，如以當時貨幣貶值五千倍計算，只抵戰前三千萬元，這便是說其實力被削弱到了百分之二。

國家行局的自肥

政府行局在抗戰以來，却無限制地擴充。中央銀行掌握了發鈔權，又掌握了國庫經管權，通貨從發行到保管，都在它手裏。四行兩局先則分潤發鈔權和國庫經管，後來中國銀行專業外匯和實業，農民銀行專業農產運銷；中信做生意，郵匯做郵政匯兌，都有獨佔性的易於營利的業務，而且賴有中央銀行無限制供給鈔票。這一切使國家行局肥了起來。同時政府當局還有一種自私的政策，錢是我發的，發得够多了，但我設法使它直接往軍隊裏流，往機關裏流，流往不見痕跡的鄉村，使都市裏不見得有多的錢。這樣，通貨是膨脹了，但是錢幷不顯得多。萬一錢又往都市流，便用二種方式把它吸住，一種是存欵準備金制度，一種是黃金政策及拋售物資政策。存欵準備金的規定，活期要交百分之廿，定期交百分之十五，這便凍結了金融市場百分之十五至廿的資金。另一種黃金政策，也以吸收游資爲目的，這些游資大都是銀行裏的，一聲黃金漲價，各行莊的存欵都被吸收出來，造成行莊的金融風潮。這一切，目的在於使得官家有錢，民間無錢，使得通貨膨脹之下，市面上仍然感到錢不够用，錢幷不多，使得物價漲不起來，政府可以維持它龐大的購買力。

全國行莊存款枯竭

廿五年上期全國各行莊的存欵，略如下表，其所繳納的存欵準備金亦列入表中：

全國銀行存款總計（單位千元）

時期	存款（活定）合計	準備金額	比率（百分比）
卅五年一月	七五、五〇三、三六二	一三、四〇七、一七四	一七·八
二月	八二、二一九、〇七一	一五、一四五、七九〇	一八·四
三月	三、九七〇、一五四	三三、一八九、三六三	一九·八
四月	一八一、六〇一、一九九	三六、三三〇、九五〇	二〇·〇
五月	一九七、〇九七、三八六	三九、三八八、八八六	二〇·〇
六月	二三〇、五八九、八五二	四五、三九八、九三三	一九·六
七月	三〇六、四九五、四八八	五九、七九九、三八〇	一九·五
八月	三二八、二一八、〇九三	六三、六七一、八〇七	一九·四
九月	三八九、六七三、一六八	六六、八二二、五四三	一六·九
十月	四二〇、六二七、五九九	七〇、七〇八、六〇六	一六·七
十一月	四九六、八四二、四二三	七四、九一四、一八二	一五·一
十二月	四九七、〇六二、八七六	七〇、二三三、六六一	一四·一
卅六年一月	六一三、八八六、四九一	八八、八二七、七一九	一四·五

二月	七五四、〇九二、六九〇	一〇九、八〇八、一九四	一四·六
三月	一、六二六、四二九、九一〇	一六三、三一六、四七八	一四·五
四月	一、四九五、一〇三、〇八〇	二一七、七〇九、三四六	一四·六
五月	一、四〇三、二五四、一四〇	一八九、五〇〇、三六一	一四·二
六月	一、四二九、〇〇八、〇四七	二一二、七七三、二九三	一四·九

雖然商業銀行存欵很短絀，但是面臨着工商界迫切的需求，利用存欵做貸放，却已發揮到極大的限度。

卅五年上海金融機構存放款統計（單位千元）

類別	存款	放款
華商銀行	一〇四、九一一、八八一	六六、二六一、八一九
外商銀行	一五、七四一、二二六	一、八四五、四八四
錢莊	二四、四四七、七〇〇	二一、〇七八、八一一
信託公司	三、〇三〇、七二七	三、六〇九、六一九
合計	一四三、一三二、五三五	九二、七九〇、七三三

商業銀行錢莊所有的頭寸，本已不多，除去存欵準備金百分之廿左右，必需留在行裏應付提存的約百分之廿，可以運用的存欵不過百分之六十，可是華商銀行貸放已過存欵的百分之六十，錢莊貸放

已過存款百分之九十，信託公司過百分之百。金融危機，便根源於市場需錢太多，銀錢業放款已過飽和。在商業行莊本身的範圍以內，它的信用已經膨脹到極度，近乎爆裂了。

錢太少了 利率便高

但是就整個工商業的需求而言，信用還遠不足。因此利率的高漲，就驚人了。我們試舉出上海、重慶、昆明、成都四地的利息，在抗戰期間利率的上漲為例：

抗戰期間利率上漲表（單位千元）

時期	上海錢業日拆息	重慶商業銀行月息	成都商業銀行月息	昆明銀行月息
廿六年	·一二	一〇	一三	一〇
廿七年	·一〇	一二	一二	一〇
廿八年	·一五	一三	一三	一七
廿九年	·一五	一五	一二	二四
卅年	〇·〇七	一七	二六	二八
卅一年	〇·六二	二八	三六	三四
卅二年	〇·二五	六〇	四〇	四〇
卅三年	〇·五八	九三	八一	
卅四年	〇·六五	一一三	一一〇	

卅五年（七月）	〇・五〇	三〇
卅六年	三・〇〇	一六

上海重慶還是兩個金融力量最爲充沛的城市，內地若干地區，受內戰和金融枯竭的影響，利率之高更其驚人。玆錄卅六年十月廿五日全國各地利率表如下：其中同業日拆，以自流井爲最高，每千元日拆五元五角，錦州等地爲最低，放欵日拆萬縣最高，每千元日拆七元，錦州最低，每千元日拆〇、八元。

地區	類別暨利率 同業日拆（每千元）	放款日拆（每千元）
上海	四・〇〇	六・〇〇
南京	二・〇〇	五・〇〇
杭州	四・〇〇	六・〇〇
重慶	五・〇〇	六・五〇
成都	四・七〇	六・五〇
貴陽	三・七〇	五・〇〇
桂林	一・二〇	二・五〇
昆明	三・〇〇	四・〇〇

廣州	二·五〇	三·五〇
西安	四·二〇	五·二〇
蘭州	三·〇〇	五·〇〇
漢口	三·五〇	五·五〇
天津	四·〇〇	六·〇〇
北平	三·〇〇	五·〇〇
青島	三·〇〇	四·五〇
廈門	一·五〇	三·〇〇
南昌	二·五〇	四·〇〇
沅陵	〇·六〇	四·〇〇
長沙	三·〇〇	四·七五
萬縣	四·五〇	七·一〇
自流井	五·五〇	四·〇〇
韶關	四·二〇	五·〇〇
柳州	一·五〇	三·〇〇
福州	一·六七	二·三三

洛陽	二·〇〇	三·〇〇
開封	二·〇〇	四·五〇
鄭州	三·五〇	五·〇〇
寶鷄	三·〇〇	五·〇〇
南鄭	一·五〇	四·〇〇
宜昌	二·五〇	四·〇〇
梧州	一·〇〇	三·〇〇
揚州	三·五〇	五·〇〇
濟南	四·五〇	五·五〇
太原	三·〇〇	四·〇〇
溫州	三·〇〇	五·五〇
湘潭	二·五〇	四·二五
合肥	二·〇〇	四·〇〇
三台	三·〇〇	四·〇〇
嘉定	三·〇〇	四·〇〇
康定	三·〇〇	三·五〇

雅安	三•〇〇	四•〇〇
哈密	—	一•三〇
天水	二•五〇	四•〇〇
歸綏	二•〇〇	三•〇〇
湛江	〇•六〇	一•四〇
徐州	一•〇〇	四•〇〇
蚌埠	三•〇〇	五•〇〇
贛縣	二•〇〇	四〇〇
吉安	一•二〇	一•五〇
錦州	〇五〇	〇•八〇
長春	〇•五〇	二•五〇
九江	一•〇〇	二•〇〇
石家莊	四•〇〇	六•〇〇
西寧	〇•五〇	一•六〇
瀋陽	—	二•五〇

利率的高漲，完全因通貨膨脹，物價飛漲而起。廿七、廿八、廿九年，通貨膨脹不烈，物價平

穩，利率也少增加，只在卅年起，利率才有顯著的上漲。卅二年起，通貨膨脹日劇，同時緊縮信用政策展開　利率的增長便更爲迅速了。這種高利率政策，正是官方有意的傑作，據說高利率會強迫囤積居奇者拋出存貨，知道囤積貨物所賺的利潤，還划不上所背的利息。

卅六年度月息，隨物價上漲速度而定，例如漲風掀起之二月、四月、九十月，其拆息有超過二角五分者，證劵套息甚至高達三角以上。恒常則保持在二角左右。較三十五年平均利率一角五高。中央銀行稽核處公佈的利率，是由行莊報由當地中央銀行核定，實際利率，遠超乎此。

高利率政策，在物價猛烈上漲的時候，對於工商業確是不成爲很大的負担的，高利貸不過拿走了戰時暴利的一部份。但是物價的上漲是不平衡的，而且是曲折的，這時高利貸便會成爲扼殺工商業的利器。

高利貸扼殺工商業

通貨膨脹之下，物價上升是不平衡的，尤其是惡性通貨膨脹之後，人民的購買力受損，物價便不能直綫上漲。在抗戰後期卅三、卅四年，便有戰時經濟危機阻撓物價上漲。抗戰以後，物價上漲又遭遇了美貨傾銷這一新的因素，物價的上漲與否，就看有無美國貨競銷了。當物價一旦停滯的時候，利率因爲信用緊縮不會立刻下降，結果是高利率成本，低物價售價，會淸算了許多工商業。例如卅五年三月至八月，上海物價上漲不過一成，而利率仍然是一角五，三月至八月本利要達百分之二百三十一，這便要淸算了許多工商業了。

高利率政策固然是打擊了囤積居奇，但最嚴重的却是增加了工商業的成本，反使物價高漲。而且到了一個時候，物價稍現安定，工商危機便要爆發。卅五年自夏至冬，這幾個月間，倒閉了許多商號工廠，其第一個原因便是高利貸。這絕對是事實，許多廠家並不是沒有賺錢，只是賺的錢不够付利息便倒號了。

高利貸是通貨膨脹和物價飛漲的產物，但是高利貸回頭過來，却又成爲促進物價上漲的重要因素。這正是通貨膨脹的旋形糾葛之一。

通貨流速的增加

另一方面，我們要指出政府想使民間信用緊縮，以制止物價上漲，仍然是失敗了的。民間利用少量的資金，加速的流轉，以致通貨實際流通量，更形膨大。我們知道實際所需的通貨流通總量，是通貨數量乘流速。例如三千錢，每月流轉三次，則合九千錢的通貨流通量。按照凱恩斯學說有效的通貨量公式爲：

有效通貨量＝（通貨發行×通貨流速）＋（活期存款×活存流速）

按中國通貨——法幣流通速度，是相當可觀的，戰前有人將銀元存置家中，經年累月慢慢使用，現在是錢到即花，故其流速自然可想而知。活存的流速，據某機關抽查上海行莊三十家作了一個統計，活存的流速，三十六年一月爲每月一九·七，二月爲三二·三，三月爲三六·一，四月爲三八。戰前每月爲二，已上升十九倍。美國一九二九年最景氣時不過四·四，紐約爲一〇·三，中國已遠越過之。如按當月活存數量計算，其擴張之信用極可觀：

上海活存信用量統計（億爲單位）

	活期存款數	擴大了的信用量
卅六年一月	二、八五五	五六、二四四
二月	三、五四八	二一四、五三六
三月	五、六八二	三〇四、一二〇
四月	七、六五五	二 〇、八九〇

六月份存欵爲六，九七五億，據吳承禧氏所述某機關統計，每月流速六十次計算，活存信用量爲四十三萬七千五百億。

財政部爲了削減通貨流速，曾經於卅六年七月十七日通令當日票據不准抵現，一定要交換以後，才准開支票使用。這無異於要工商界戶頭上，多存一天錢，多担負一天貨幣貶值的損失，如此活存流速限制爲每月三十次爲最高額。但是工商界不會接受這損失，將造成陽奉陰違仍准抵現的情形。

這就是信用緊縮有時而窮的奥祕。

五　信用政策的眞相

信用緊縮造成的高利貸，正在殺害工商業，這點當局不是不知道的。爲什麼當局仍然堅持信用緊縮，一面却敷衍其事的談平抑利率呢？中央銀行認眞辦點重貼現重抵押放一點拆欵，利率不就可以下降了麼？張嘉璈在卅六年三月侈談擴大貼放，後來爲什麼不肯兌現？

這奧祕在於政府戰前猶把自己置在於江浙財團和工商界的基礎上，現在則憑藉官僚資本的公私營事業和美國的經濟援助（包括物資和借欵）以自存。信用緊縮是對民營事業而言。中央銀行和三行兩局，他們的信用，第一是給軍隊和政府機構，第二是給官僚資本系統下的國營資本，第三是給官僚資本系統下的私營資本。例如中紡公司在卅四年冬成立時，四行便給它以一百億的透支額。四聯的貼放，其中十分之六七，是公營廠，十分之三爲官僚資本投資的廠家。這種信用並不小、相反的，是信用擴張。例如卅六年初，過二個年關的時候，市面上銀根緊迫，然而中央銀行却以抛售黃金勒緊頭寸，實施信用緊縮，同時却放貸出了五百餘億的生產貸欵，其中約百分之七十以上流入官僚資本廠家。官僚資本有低利（約三分至五分）的支持，自然可以立於不敗之地，進而威脅高利貸壓迫下的民營資本了。

如果我們翻閱六行局的普通放欵餘額，就知道官僚資本創造了多大的信用。

六行局普通放款餘額（單位千元）

時期	放款餘額

二十六年底	二、九九〇、一九七
二十七年底	五、一五九、六二三
二十八年底	九、一五一、五四二
二十九年底	一五、七九九、八六五
三十年底	二六、五八六、六五五
三十一年底	四九、〇六四、八二一
三十二年底	一〇八、九〇九、九六〇
三十三年底	二七二、七六九、[illegible]七三
三十四年底	一、五二七、四三四、〇四七
三十五年	七、九九二、八〇三、〇三八
三十六年三月	一〇、四九八、四六七、二四〇

爲什麼四行兩局有這樣多的放欵呢？

例如卅五年六月餘額四萬三千億中，有一千五百億是四聯生產事業貼放，這卽是放給官僚資本的。其餘三萬二千億左右，便是直接放給國庫的墊欵了。也卽是所謂國庫賒借。

三十六年三月放欵餘額十萬億，其中四聯生產事業貼放，只有二千六百三十億，其餘之數便是墊給國庫的了。

通貨膨脹政策，正是一面拚命擴充自己的戰爭消耗，一面喂肥自己的官僚資本。信用緊縮政策，正是緊縮民間的信用，讓民間工商業自生自滅。這便是目前信用政策的眞相。

第四章　調整不已的外匯

通貨膨脹中的紙幣膨脹，勢必要引起匯兌膨脹，卽匯兌貶值。中國本是外匯本位的國家，法幣不能兌現金銀，只能買成外匯，故外匯才是最主要的準備金。如果發行的紙幣過多，沒有那麼多的外匯基金以供無限制的買賣外匯，則勢必要儘量少賣，或者是提高匯價，或者是審核外匯，以致造成黑市高漲。這種情形下，或者是自動的，或者是被迫的，進入匯兌膨脹。匯兌膨脹，卽是以外國貨幣單位，可以換到更多的本國貨幣，卽是匯兌貶值。這是通貨貶值的又一種方式。由於匯兌貶值，物價高漲，又轉而促進通貨膨脹。這是一對活寃家，吵吵鬧鬧，相反相成，把物價不斷往上抬。

一　匯兌貶值的形勢

戰前的穩定時期

中國的貨幣在銀本位時代，還是比較值錢的，其後因爲金貴銀賤便不斷的跌，到廿三、四年因爲銀貴又上漲。直到廿四年實施法幣政策，才訂定了英鎊美元。

戰前中國貨幣對外匯價表（每元合各國貨幣）

年代	英國（每元合便士）	美國（每百元合美元數）	法國（每百元合法郎數）	德國（每百元合馬克數）	日本（每百元合日元數）

民十五年	二五•五七八〇	五〇•三九〇〇	一、五八二•二〇八〇	二〇四•一七三〇	一〇四•六一〇〇
民十六年	二二•〇三〇〇	四四•六七七〇	一、一三六•五二七〇	—	九三•九五二〇
民十七年	二二•六九五〇	四六•一三七〇	一、一七〇•三六一〇	一九三•二九六〇	九八•九三八〇
民十八年	二〇•五二四〇	四一•五〇八〇	一、〇六〇•八五三〇	一七四•三三七〇	八九•五四四〇
民十九年	一四•七八九〇	二九•八五〇〇	七六二•三三九〇	一三五•三三一〇	五九•六八〇〇
民廿年	一二•〇〇四〇	三二•二四三〇	五六五•三七七〇	九三•六八八〇	四•二一五〇
民廿一年	一四•七六六〇	二一•四八七〇	五四七•六〇〇〇	九〇•五〇四〇	七六•〇八一〇
民廿二年	一四•八二四三	二六•一〇九二	五二一•八一七〇	八六•一九九〇	一〇〇•九〇九〇
民廿三年	一六•〇九六一	三三•七八五〇	五一四•二六〇	八五•三四九〇	一一三•四〇八〇
民廿四年首三季	一八•五五九七	三七•八四九三	五七二•七〇〇〇	九二•一一八七	一三一•四五八三
民廿四年十二月	一四•三七五〇	二九•五〇〇〇	四四六•九一六七	七二•六七七一	一〇二•五一〇四
民廿五年	一四•五〇〇〇	二九•七四九九	四五一•八一二五	七三•八一二五	一〇三•〇〇〇〇

抗戰開始時擠購外匯

抗戰開始以後，中國的外匯便首先動搖了。因爲中國外匯基金不足，同時資產階級和官僚買辦對於抗戰又沒有信心，於是擠購外匯。中間雖然政府爲了討好英美竭力維持外匯，以維護英美遠東貿易，但是法幣的對外法價仍然狂瀉。

上海是美匯黑市買賣集中的場所，自抗戰開始至太平洋戰爭爲止，上海的匯價始終在狂瀉。

美滙及法幣購買力指數（二十六年上半年爲一〇〇）

年　月	對美滙價（每元合美金）	對外購買力
二十六年六月	.二九	一〇〇
二十六年十二月	.二九	一〇〇
二十七年六月	.一九	六三
十二月	.一六	五三
二十八年六月	.一三	四四
十二月	.〇七	二四
二十九年六月	.〇六	二〇
十二月	.〇六	二〇
三十年六月	.〇五	一八
十二月	.〇五	一八

法幣的發行，與滙價的跌落是成正比例的。法幣發行得愈多，外滙價值跌落愈甚。

法幣增發　滙價愈跌

我們把戰時前後方黑市滙價和法幣發行比較，可以窺見法幣對外購買力之激降。

法幣增發影響對美購買力（民廿六年六月爲一〇〇）

年月	法幣發行指數	中美購買力平價（每元合美金）
二十六年六月	一〇〇	·三〇三五
十二月	一一七	·二九〇七
二十七年六月	一三三	·二二二七
十二月	一六四	·一六三五
二十八年六月	二二三	·〇八六六
十二月	三〇五	·〇七八三
二十九年六月	四三一	·〇四四四
十二月	五六〇	·〇二二六
卅年六月	七六三	·〇一九二
十二月	一、〇七六	·〇一一七
卅一年六月	一、七七三	·〇〇一五
十二月	二、四四二	·〇〇〇八
卅二年六月	三、五四四	·〇〇〇五
十二月	五、三五七	·〇〇〇三
卅三年六月	八、七二五	·〇〇〇二

十二月	一三、四六四	·〇〇〇一
卅四年六月		

法幣購買力，一是對內的購買力，即由物價升漲以測度，一是對外購買力，即由對外匯價以測度。法幣的對內對外購買力的跌落中，對外購買力跌落尤甚。

法幣價值指數表（二十六年六月爲一〇〇）

年月	對內價值指數	對外價值指數
二十六年六月	一〇一·二二	一〇〇·〇〇
十二月	一〇一·七一	九五·六八
二十七年六月	七六·〇〇	七〇·〇八
十二月	六〇·九七	五三·八七
二十八年六月	四七·七七	二八·五三
十二月	二八·一三	二五·九七
二十九年六月	一六·七六	一四·六二
十二月	七·八三	七·一一
三十年六月	六·四二	六·三二

十二月	三•六五	三•八五
三十一年六月	二•〇六	•四九
十二月	一•一八	•二四
三十二年六月	•七六	•一五
十二月	•四七	•〇九
三十三年六月	•二一	•〇四六
十二月	•一七	•〇三三
三十四年六月	•〇四	

二　統制外匯的鬥爭

中國戰時外匯價格的管制，顯然表現了幾種力量的鬥爭。第一是英美商人和英美政府，他們爲了維持遠東貿易，極力主張中國維持外匯，因此有二次平準基金會的成立。他們是贊成中國維持一個穩定的匯率，方便進行貿易的。政府一向依賴英美，因此對於

幾種力量的鬥爭

匯價的維持，不敢稍有失職，同時社會上也流行一種主張，認爲維持匯價爲安定物價和維持法幣價值的方法。卅年以前，這種力量支持着外匯政策。第二是貪官汚吏和數大豪門和大資本家，他們力主維持外匯，爲了方便他們逃避資金，因爲對抗戰沒有信心，害怕法幣貶值，他們從抗戰開始，便大量購

買外匯，卅年以前是買外匯，卅年以後是買美鈔，美金公債。外匯之狂瀉，超於物價上漲，便是這般人的功績。第三是敵人和漢奸，爲了套取外匯，在上海他們曾企圖收集法幣，購取外匯。

這三種力量，造成了中國抗戰中外匯管制的複雜的形勢。這種鬥爭，可以分幾個階段：

外匯管制的幾個階段

民廿四年法幣政策以後，中國對美匯率爲法幣百元合美金二十九元五角至卅元，幷無限制賣外匯。抗戰爆發，七七至八一三，一個多月，外匯便有驚人的逃避，共售出七百五十餘萬鎊，合法幣一億二千萬元。當局如果決心長期抗戰，應當把外匯停售，提作購買軍火之用，但是當局一則爲了顧全英美貿易，再則爲了維持顏面，三則爲了若干豪門逃避資金，竟遲遲不加管制，仍然無限制出售外匯。僅僅頒布了限制銀行提取存欵辦法。這期間逃避的外匯，數目相當可觀。這是外匯無管制時期。

二十七年三月十四日，政府公佈『外匯請核辦法』，正式管制外匯，以防止敵人搜兌法幣換取外匯。從此便有黑市外匯的買賣。三月下旬外匯跌至法幣一元換十一便士八七五，美匯縮至每百元值美金二十五元八七五。五月中旬爲十便士六二五，二十一美元又九三七五。八月英匯七便士九三七五，美匯十六美元又一二五。

政府當時爲了維持面子，曾由中中交匯豐出售黑市外匯，穩定黑市價於八便士至八便士半之間。

這一直維持到廿八年三月。

二十八年一月成立中英外匯平準基金，仍按八便士二五匯率維持黑市。六月跌至六便士半。七月初政府在官價之外，規定了商匯掛牌價格，國幣一元合英金七便士，百元合美金十三元又八分之五。但七月中，便開始猛跌，至八月中旬英匯跌至三便士，美匯跌至六元半。

廿九年初美匯即繼續跌，五月間英匯縮至三便士一二五，美匯縮至四元五角。七月間，中央、中國、交通、匯豐成立乙種平準基金，外匯又稍回漲。八月一日起，商匯牌價改爲英金四便士半，美金七元五角，港幣三元三角三分。黑市隨之英匯縮至三便士，美金四元半至六元。

三十年一月十六日，美金黑市降至五元又四分之二，英鎊爲三便士又二分之一。四月中英美新平準基金成立，合成美金一萬一千萬元。七月二十六日因爲美國封存中日資金，英金漲至二便士八一二五，美匯四元六八七五。八月十八日新平準會開始供給外匯，規定價格爲美金五元又三十二分之十一，英金三便士又十六分之三。黑市匯率漲至英金二便士八九，美元四元六角至五元之間。

上海滙豐銀行掛牌價格表

時期	美匯		英匯		港匯	
	最高	最低	最高	最低	最高	最低
二十七年六月	21 1/4	16 13/16	10 5/16	8 1/8	73	56 5/8

十二月	15 5/8	15 5/8	8	8	53 1/4	53 1/4
二十八年六月	15 5/8	12 5/8	8	6 1/2	53 1/2	42 3/8
十二月	7 5/16	6 3/8	4 1/2	4 1/4	29 7/8	28 1/4
二十九年六月	6	4 5/8	3 7/8	3 1/2	25 3/4	23 1/4
十二月	5 3/4	5 5/16	3 11/16	3 3/8	24 1/2	22 3/8
三十年六月	5 5/16	5 1/4	3 1/4	3 1/8	21 5/8	20 3/4
十二月	5 3/32	5 9/32	3 5/32	3 5/32	21	21

太平洋戰爭發生以後

太平洋戰爭發生以後，外匯的黑市因為對美英貿易的斷絕，已經近乎停頓。但是美鈔、美金公債、美金儲蓄券，却與黃金一樣成為投機的籌碼。外匯官價仍然固定為國幣百元合美金廿元。但以重慶為中心的黑市却已飛騰。其中尤以三十三年為最，茲錄三十三年一年之間美鈔黑價之上漲：

三十三年美鈔上漲表（單位美元）

月別	美鈔	美金公債	美金儲蓄券
一月	八四	七〇	八二
二月	一四	一三二	一四二

三月	二五五	一三五	一三五
四月	二三五	一二〇	一三一
五月	二一〇	一〇八	一二八
六月	二〇〇	一〇六	一四〇
七月	二〇四	一一〇	一三七
八月	二〇八	一一三	一二八
九月	二五五	一一五	一六五
十月	二九二	一二一	一九〇
十一月	六八〇	一五〇	四〇〇
十二月	六四五	一三〇	三三〇

三十三年三十四年是中國戰時經濟危機爆發的年頭，正因爲工商凋弊，所以投機盛行，正因爲通貨膨脹，所以黃金美鈔飛漲。三十四年五月美鈔已升至七百五十餘元，六月升至一千元，到勝利前夕的八月初，已經漲到三千元了。

勝利以後的逆轉

勝利以後，由於平時經濟的可能到來，通貨膨脹可能結束，於是黃金美鈔都反而下跌了。九月中旬曾跌至六百八。

勝利後波動期美鈔價格表（單位美元）

時期	美鈔	時期	美鈔
卅四年八月中旬	一千八	十月底	一千三
八月底	一千四	十一月中	一千七
九月中旬	六百八	十一月底	一千四
九月底	一千二		

勝利以後的卅四年八月到卅五年三月，外匯由一千八到二千五之間徘徊。由於勝利，美鈔跌價了，由於內戰，美鈔又漲價了。

三　戰後匯兌貶値的激化

三十五年春開放外匯

三十五年三月當局公佈新匯率，開放戰後貿易以後，中國的外匯膨脹，進入了新的階段。

三月四日公佈的開放外匯辦法，規定了中美匯率爲美金一元換二〇二〇元國幣，爲戰前匯率的六百倍，比當時物價水平三千倍，抑低過半，比當時的通貨膨脹一千倍，也甚有距離。這是當局的低匯率政策時代。

這個匯率造成的結果是美貨進口的空前巨大，和國貨不能出口。因爲出口商拿換回來的外匯，合不上物價高漲後的成本。入口商却因爲匯率低，進口貨物始終便宜於國貨，可以大量傾銷。卅五年上半年入超就在二萬萬美金，全年入超約在四萬萬美金以上。

當局採取這個低匯率是有用意的，當時爲了對中共軍事的速戰速決，企圖以美貨傾銷，造成低物價，稍定京滬物價飛漲的趨勢。其次，當局是爲了滿足美商和豪門買辦資本的利益，採取低匯率。

這個二〇二〇匯率，維持得並不久。由於五萬萬美元的外匯基金的消耗，當局已經不能不實施外匯膨脹了。

外匯匯率的再貶值

卅五年八月十七日政府宣佈匯率改爲美金一元換國幣三三五〇，英匯一鎊換國幣一三，一五〇。比較二〇二〇，提高了百分之六十五，爲戰前匯率的一千倍，當時物價却爲戰前的五千倍。當局宣佈這個匯率是完全爲了方便出口，限制進口的。

實質上，這次匯率調整，正是匯兌膨脹，匯兌貶值。勝利以後，當局爲了從事內戰，通貨膨脹推進甚速，由勝利之日到卅五年中期，通貨膨脹加了三倍許。這種情況下，外匯非相應調整不可。同時，當局也已經感覺到外匯基金的枯竭，所以調整匯價之外，接着實施了輸入配額制，設立輸入管理委員會，嚴格管制輸入。

這個匯率公佈以後，物價便開始波動了。卅五年三月到八月是物價波動較緩的時期，八月十七日外匯調整以後，物價的上漲，便開始了新的階段。八月底起，物價便日益升漲。最先上漲的是對外貿易有關的進出口商品，生絲、茶葉、桐油這些出口貨，全漲了約五成。進口貨價也跳起一成至六成。其次依賴外國原料的棉紗、橡膠、以至棉布，一律上漲五成以上。到九月底，全般物價上漲了五成光景，恰好與匯率調整倍數相近。只有農產品稍穩。

三三五〇匯率公佈的時候，國內有許多經濟學家歡迎這種調整，認爲六百倍匯價與五千倍物價，必須調整，才能保護國內工業，而且認爲這不是貶低幣值，不是通貨膨脹，因爲匯率是被高估了。

調整匯率促成物價上漲

實際上，在通貨繼續膨脹的時候，無論是多發紙幣，無論是調整匯率，同樣是通貨膨脹，而且同樣是造成物價高漲。一種通貨對內對外購買力的分歧是很可能的，幷沒有調整的必要，每一次外匯調整後，物價高漲，匯價與物價仍然不能平衡，這便是明證。

目前的通貨膨脹，正在螺旋形中進行，由紙幣膨脹到物價高漲，由物價高漲到匯價調整，由匯價調整又進入物價高漲，回過來促進了紙幣膨脹。

卅五年三月正是通貨膨脹可望緩和的階段，匯率二〇二〇，國內物價本有稍穩的可能。但是由三十五年春到秋間，通貨膨脹的潛流在發展，物價也緩緩中上升了，顯得匯價太低。八月間調整了匯價，進出口物品按照成本計算，當然要上漲。同時中國勝利以來增長了的對外經濟依賴性，工業的依賴外國原料，以致使工業品全部漲了價。農產品也要漲的，不過是慢些吧了。

不但如此，自從八月外匯調整以後，便進入了新的劇烈的通貨膨脹物價高漲時期。二〇二〇匯率猶如是水閘，當水閘一倒，匯兌膨脹與通貨膨脹的大門便打開了。這漲風自八月直至卅六年初都還沒有遏止。

由於三三五〇匯率公佈同時規定了外匯審核辦法，又形成了外匯的黑市——美鈔買賣。黑市美鈔於九月底便漲上了四千元，到卅五年底，美鈔躍出七千元的大關。三三五〇的匯率，因爲外匯基金枯竭（政府手頭美金只有五千萬美元了）實際上很少賣出來，成爲不中用的稻草人。進貨的商人，每逢自由輸帶貨進口，便搜購美鈔以結價。黑市已取公開匯市而代之。

卅五年度美鈔黑市價格表：（單位美元）

一月	一、三九〇	七月	二、五五〇
二月	一、五六〇	八月	二、五一〇
三月	二、〇〇〇	九月	三、二五〇
四月	一、八九〇	十月	四、〇一〇
五月	二、三七〇	十一月	四、九〇〇
六月	二、三三五	十二月	七、六〇〇

由於外匯黑市的上漲，物價也在不斷的上漲中。到了卅五年底 物價上漲尤猛，約超過百分之廿。

卅五年度中央銀行國外滙兌行情表

月別		三月	四月	五月	六月	七月	八月	九月	十月	十一月	十二月
美國 每美元合國幣元	最高	二、〇二〇	二、〇二〇	二、〇二〇	二、〇二〇	二、〇二〇	三、三五〇	三、三五〇	三、三五〇	三、三五〇	三、三五〇
	最低	二、〇二〇	二、〇二〇	二、〇二〇	二、〇二〇	二、〇二〇	二、〇二〇	三、三五〇	三、三五〇	三、三五〇	三、三五〇
	平均	二、〇二〇	二、〇二〇	二、〇二〇	二、〇二〇	二、〇二〇	二、六八五	三、三五〇	三、三五〇	三、三五〇	三、三五〇
倫敦 每英鎊合國幣元	最高		七、六〇〇	七、五〇〇	九、三〇〇	九、二〇〇	一三、五〇〇	一三、七〇〇	一五、二〇〇	一五、五〇〇	二一、八〇〇
	最低		六、八〇〇	六、八〇〇	六、九五〇	八、六五〇	八、八五〇	一一、〇〇〇	一三、四〇〇	一四、一〇〇	一五、三五〇
	平均		七、二〇〇	七、一五〇	八、一二五	八、九二五	一一、一七五	一一、八〇〇	一四、四六九	一四、七〇八	一八、五〇四
香港 每港洋合國幣元	最高	四六〇	四七〇	四六〇	五七五	五七〇	七六五	八四〇	九四〇	九七〇	一、四〇〇
	最低	四三〇	三八五	四二〇	四三〇	五二五	五五〇	六八五	八二五	八七〇	九六五
	平均	四三五	四二七	四四〇	五〇三	五四八	六五八	七三〇	八九一	九五二	一、二一〇
印度 每盧比合國幣元	最高	五四〇	五七五	五六〇	七〇〇	六九五	九三〇	九九〇	一、一六〇	一、一七〇	一、七〇〇
	最低	五三〇	四八五	五一〇	五二五	六四〇	六〇〇	八三〇	一、〇〇〇	一、〇五〇	一、六〇〇
	平均	五三五	五三〇	五三五	六一三	七九五	六九五	八八一	一、〇九五	一、一〇三	一、三九六
瑞士 每瑞法郎合國幣元	最高	五七〇	五八〇	六二〇	七二〇	七〇〇	九〇〇	一、二〇〇	一、二〇〇	一、二〇〇	一、四〇〇
	最低	四八〇	四九〇	五七〇	六一〇	六八〇	六九〇	八七〇	一、一〇〇	一、一八〇	一、二〇〇

平均	五二五	五三五	五九五	六七○	六九○	七九五	九五六	一、一四二	一、一九八	一、三二○

舊曆卅六年新春，五百元二百五十元的關金發出來了，幾天之內，就發出了五千億元，這是通貨膨脹質量大爲提高的新開始。在這一個徵兆出來後，物價又猛躍了，其中尤以農產品米糧上漲最劇，一般物價又開始猛跳，匯價也由七千向一萬以上猛躍（卅六年二月初已達一萬五千元）。

傳說卅六年三月卽將調整外匯，結果是二月初公佈了變相調整匯率，出口津貼百分之百，卽爲八七○○，輸入征附加稅百分之五十，卽爲五○二五。這外匯放長了，但是央行沒有賣出。黑市立刻漲至一萬五千元。

當局只有二種方策以應付通貨膨脹下攔不住的匯兌膨脹：一是維持原匯價，但是不賣出外匯，死要面子，不顧實際。二是調整匯價，少量賣出。前一種情形下，美鈔黑市將成爲外匯主力，也一樣表現出來膨脹的趨勢。總之，通貨膨脹下，匯兌膨脹便是必然的趨勢。

二月間改訂的匯率

卅六年二月十六日當局公佈了新的匯率，卽是美金一元換國幣一萬二千元。這個匯率提得很高，出乎中外人士意料之外。但是中央銀行只有收沒有賣，這價錢還不能成爲市場上眞實的匯價，黑市可能稍高。當局一面嚴格管制輸入，意圖節省外匯，一面發行美金公債一億元，以圖吸收外匯。但是目前的情形下，均不太有效。若無美國五億美金貸款，中央銀行外匯仍然枯竭，進口貿易必將因外匯無形凍結而停滯。

一萬二千的匯率，首先是鼓動物價上漲，上海沿海工業都離不了外國原料—紗布、橡膠、五金電器、毛紡織、火柴、紙張、菸草，這一些民生必需品工業，因爲外匯調整，原料漲價，成品也上漲，出口方面，因爲茶、油、絲、鬃各出口品外國售價可望稍好，拚命漲價，實際上茶絲都有外貨競爭，國外市況並不好，於是上海的市價與英美市價相差無幾，運出去，反要賠貼運費了。

一般人推測一二，〇〇〇匯率以後，當局仍然無法吸進外匯，平衡國際收支，勢將驅使再度貶值，外國人心理有這樣一個準備，認爲下次要調整，則必然是五萬元六萬元換美金一元了。中央銀行傳出消息，則聲稱此後匯價每月可能提高百分之十，以刺激美金公債庫劵的投機。

外匯市價公佈以後

自經濟緊急措施方案以後，政府嚴禁美鈔外匯黑市，一方面實施嚴格的輸入管制。但是不久黑市復熾，卅六年四月到七月，美鈔黑市上升到四萬元左右。於是出口物急漲，按官價一萬二千元結匯，成了絕對不利的事情，上海出口阻滯，香港大批走私出口。於是中央銀行無法收進出口外匯。另一方面僑匯也因爲匯率相差太巨，而趨於香港，再買成國幣匯入內地。香港便成爲中國的自由外匯市場，也即是黑市場。香港的匯價與金價領導了上海的外匯黑市與金價。

政府原來的呆定匯率，完全是爲了安定匯價，以平定物價。實際上因爲政府缺乏外匯，官價賣不出來，第一、二、三季限額批准以後，都未必能够結購外匯，反而擋住了外貨輸入，更談不到以此平價。更嚴重的是外匯有出無進，影響了外匯資源枯竭，使政府要購買軍火、軍用品、米、棉，均無法付出外匯。

於是政府於八月十八日頒布了新的外匯管理辦法，決定犧牲匯價物價以求取外匯。其辦法爲：匯率改採市價，隨時調整，另成立外匯平衡基金委員會負責掛牌並管理，但保持一個官價尾巴一萬二千元以示穩定。僑匯與出口外匯按市價，由指定銀行購入，進口外匯由指定銀行售出。

外匯市價掛牌，其用意在於隨時提高，使匯兌貶值與物價上漲速度看齊，以免偏差，以致貨物不能出口。但當局爲了避免刺激物價益發上昇，常常利用物價漲風稍定之時，再行提高。自八月十八日以來外匯貶值之速，猶如大江東下。

外匯市價變動表（均爲基準價）

日期	美匯	英鎊	港匯
卅六年八月十八日	三九、〇〇〇	一三四、八〇〇	七、八〇〇
八月廿一日	三八、五〇〇	一三三、二〇〇	七、七〇〇
八月廿三日	同前	一三〇、〇〇〇	七、五〇〇
八月廿九日	同前	一一七、〇〇〇	七、三一二•五
八月卅日	同前	一一五、〇〇〇	七、一八七•五

九月三日	三八、〇〇〇	一一三、〇〇〇	七、〇六二·五
九月六日	四〇、〇〇〇	一一八、〇〇〇	七、三七五
九月九日	同前	一二〇、〇〇〇	七、五〇〇
九月十二日	四〇、五〇〇	一三二、〇〇〇	七、六二五
九月十六日	同前	一三〇、〇〇〇	七、五〇〇
九月十八日	四二、五〇〇	一三五、〇〇〇	七、八一二·五
九月廿六日	四六、〇〇〇	一三五、〇〇〇	
九月廿九日	四九、五〇〇	一四六、〇〇〇	
十月九日	五五、三〇〇	一六三、〇〇〇	

這種外匯調整，並沒有辦法追上黑市。黑市在八月十八日前後，不過四萬至四萬三四，相差約一成。但至卅六年十月底爲止，約爲九萬五千元，比官價恒常高出百分之四十。

陳光甫外匯平衡基金委員會主任委員，曾直率說，黑市若高出市價一成，僑匯即將逃避，黑市高出市價二成以上，出口外匯也將逃避。因爲黑市僑匯經香港轉匯，可能多花一成的手續費，若黑市超出一成，則黑市仍然有利。出口外匯走私至香港多花運繳約二成，若黑市高出四成，則走私仍可多賺二成以上利潤。因此在八月十八日後一個月外匯黑市穩定期，央行曾收進近二千萬美金外匯，其後即成爲新的官定市價，無法買入外匯了。

但是這種大胆實施匯兌膨脹的匯兌貶值政策，却大大的刺激了物價上漲，同紙幣膨脹。例如政府收入二千萬美金的外匯，便費了一萬億的法幣，央行不惜費大量紙幣以吸收外匯。同時匯價不斷調整，便使物價上升益速。物價的上升，本來有間歇期，但是間歇期間來一次外匯調整，便使間歇下來的物價，又打起精神，向上再跑。這便是九月份十月份物價漲風延續兩個月之久，不肯罷休的原因。七月份中國經濟研究所的物價指數爲四萬六千倍，十月份第二週竟上揭至八萬八千倍，上漲將及一倍。

卅六年八月十八日公佈的外匯市價掛牌辦法，是打開了匯兌貶值的大門，使市價與黑市公開賽跑，同時也打破了物價上漲的大門。當局決心犧牲物價匯價，以求取外匯，結果外匯跑了，物價與匯價却一飛上天，這便是匯兌膨脹的悲劇。

第五章　通貨膨脹的剝削躱得了？躱不了？

一　通貨膨脹怎樣剝削人？

通貨膨脹的剝削躱得了躱不了？在某種限度說，是躱得了，工人（甚至公務員）可以發動要求加工資的鬥爭，依照生活指數發薪水，使水漲船高，別讓工資之船被物價之水淹沒。中產者可以靠放利，囤貨，投機，減少損失。但是回過頭來，我們又要說明，在通貨膨脹底下，除非大官僚資本，少數財閥外，絕大多數還是要貧窮化的。工人的薪水月底加了，絕不足下月之用，循環吃虧，結果是生活享受越來越低，最後到稀飯都吃不飽爲止。中小產者即使辛苦經營，但是他的財產，還是要不斷的貶低，小虧不吃大虧還是要吃，終於也是衣衫破敝，生活貧困。

這裏我們講幾個通貨膨脹底下吃虧的故事：

儲蓄法幣　便是吃虧

戰前有一個中學校，校董會募了一點基金，便把十萬元存入銀行，公議不拿來流用，以備將來派大用場。適逢八一三後國軍退撤，這錢也不及取出，仍舊存在銀行裏。南京僞府的中央儲備銀行劵一經發行，宣佈二折一，這國幣便成爲僞幣五萬元。當時因爲校董多在後方，無法取出。到抗戰勝利這五萬元僞幣，又按二百折一，變作二百五十元。這種情形比較複雜，因爲有中儲劵折合的情形。還有幾個故事，那却純粹是通貨膨脹剝削人的例子了。

有一個擁有三千元法幣的老農，在國軍退走時，把一千五百元，去做雜貨買賣，這買賣一直做到今天。另外一千五百元，全是一元十元的新票，他包紮得非常牢實的埋入地下，以備異日不時之需。抗戰終於勝利了，法幣初到京滬，他又捨不得用，因爲那時還値錢。但是等到今天，法幣已一錢不値，那一元十元的鈔票更是沒有那個會要了。

有一位小姐，在她幼年時候，痛愛她的爸爸，便爲她存錢，準備每年存一百，十年成一千，這一千元，便成爲她結婚的墊箱錢。存到第七年，已經有七百元國幣，但是抗戰爆發了。儲蓄沒有滿期，不能取出，便只好放在那兒，勝利以後可以取了，但是那一千元，連買一碗麵都買不到了。

上海卅五年便有幾樁訴訟，一是有一個存戶控告四行儲蓄會，要求加幾千倍還他戰前的儲蓄本錢，法院判了加千倍償還，但是四行儲蓄會儲欵有一萬萬元未償還，不服，上訴了。銀行求援財政部，財政部做賊心虛，也不服這判決，因爲加千倍償還的判例一經成立，財政部的公債也就要千倍還本了，如今一直拖延未決。卅六年四月嘉興法院又判決了一樁戰前債務，判定按萬倍償還。但是到現在爲止，所有判決大部份都沒有執行。

還有統一公債的一段公案，統一公債廿四年發行，國民政府自詡其債信最好。勝利後一般人都指望千倍償還，結果仍然照一對一還本付息。

據馬寅初氏說，廣東銀行還做了一件很缺德的事：廣東銀行在戰前廣州及其附近，吸收了很多存欵。抗戰爆發，移至廣西附近，這錢因宋家關係，大買外匯，飽賺其錢。存戶的存欵，拒不照付。抗戰以後，廣東銀行倒願照付了，可是廣東人那會心願，總有一天，要清算他們的。

公債與存款的得利者

由以上的故事，我們已深知財政部和銀行資本都是通貨膨脹中的得利者，貴時借，賤時還，當中的差額都是他們的淨賺。正因此，戰前資金多集中銀行，信託銀行的經營，能够替他賺幾個錢，幾釐的月息，就够養家。現在銀行已成爲剝削者了，誰也不願意付託給他們，這就造成了所謂不存入銀行的『游資』，這游資到處竄，那兒有利往那兒趕。各位別駡投機可惡，游資可惱，除了少數大官僚資本家是有銀行的，大投機家外，其餘的投機者，多是有百把萬，有家累的小資產階級，他們自己沒有銀行，不願吃虧，那能不把小資游出來，到處游擊討生活？

這裏，我們且來分析幾種通貨膨脹下的社會心理：放比期，高利貸；做華股，套利錢；買黃金，做儲蓄：買美鈔，做投機；囤貨物，待漲價。這幾種現象都是被人深惡痛絕，指爲投機囤積，儼然社會之蠹。然而，我却認爲如果這些行爲是小有產者保值的動機，則是神聖的，是倔強的求生意志。如果出之於大人先生的賺錢圖利，則是鼓動物價，投機壟斷的罪魁。

這裏，我們先來論述「放比期，吃利息」的算盤。

二　吃比期與放利息

吃比期的由來

吃比期，是重慶術語。原來重慶那個內地商埠，原先就有高利貸，其存放、收欵，都以半月爲期一結，月中十五爲小比期，月底卅爲大比期。到期之日，借方付利還本，貸方收利收本，除非得雙方同意，才加延長。自然當時利息並不太高。

民國卅年，因爲通貨膨脹，物價飛漲。那時候，便有一個心理：存錢不如存貨。法幣的信用垮了。於是銀行收了存欵便囤貨，囤了貨又拿這貨物去向中央銀行，或其他銀行抵押取欵，取了欵來又囤貨，輾轉囤，囤得越多，利潤越厚，甲銀行如此，乙銀行亦如此。中央銀行後來便不肯放欵，但是物價漲得兇，銀行便寧願出高利錢去吸收存欵，那時候的心理是只要借得到錢，便發了財。這完全是因爲物價漲得太快的緣故。

於是利錢，便一天一天漲上去。

黑市利息的產生

這利錢有兩種，一種是官價利錢，一種黑利。

官利，即是合法銀行的存欵利息。如果你拿錢到銀行去存，定期的存欵利息高，活期的存欵利息低。定期時間愈長，利息愈高。

定期存欵利息如下：一月期利息二分五，三月期二分六，半年期二分七，九月期二分八，一年期三分。

活期存欵有章程存欵，年息一分，月息八釐。市息存欵，優待往來戶的，年息一分五釐，月息一分三。這利息并不太固定，有時銀根緊，利息便要增加。但是一般說來，這利息是太低了，并不能保值。因此一般人多半在銀行裏開一個戶頭，辦理收交，等於當他一個帳房，實際上半個月一個月不用的欵子，都另外放出去的。

黑利也者便是放給銀行的帳外存欵、放給貨幫、地下錢莊、商店，當舖的非法存欵，其利息特別高厚。

重慶一般銀行存欵利息，銀行公會要公議價格，不方便隨意提高。但是實際上銀行仍有黑息。如果你認識銀行的業務人員，把你的錢，按規矩存了，但另立字據，加你的利息，銀行借出去時，也是一方面取官息，一方面取黑息。兩套帳目，一明一暗。在上海一般銀錢業中新起的後起的小規模的，仍有一部份公開佈告有一種優待存欵利息，或者看熟悉情形另貼黑息。但是上海新華聚興誠浙實浙興等大銀行便不與此套。

放給貨幫商店當舖的利息，要比普通的銀行存息高。銀行存息和欠息之間，約差一角，如廿六年四月初，銀行存息三分以內，銀行放息爲一角三分半，存放之間的差額約一角，爲銀行所賺。貨幫商店當舖，他們本自銀行接受一角三分半的欠息，他們向銀行借錢，如果有人願意直接借給他們，不必經過銀行，那當然肯把較高的利息。這種利息多與銀行欠息同。不過多半是由親友關係托存時，貨幫商店當舖才收受。

地下錢莊的興起

地下錢莊其實並不神祕。如果一個人或一個公司他做生意的朋友多，又有一批朋友托他放錢，他把這錢轉放出去，這便成爲地下錢莊，居然融通有無了。這種地下錢莊不像銀行，沒有總協經副襄，人少機構簡單，因此它在存息與放息之間，只取三分的差額。假定放息爲一角三分，則存息爲一角。放在銀行裏比較可靠，放在貨幫商店，如有戚屬關係，也還可靠。地下錢莊如果不是穩妥者，（放高利貸的人多半沒有良心，）可能連本吃去。故每遇外面工商業難做，危險大時，這些游資又回銀行。

吃比期的利息，往往跟欠息走，即是跟金融業的放欵息走。放欵息的高低，又依工商業生意好壞而定，物價高漲生意賺錢，一般商人想多做生意，拚命借錢，於是欠息就提高。如卅六年二月中緊急措施以後，投機暫冷，貨物滯銷，生意不大好做，利息便由二月中旬的二角跌到一角三。卅六年四月起米紗油上漲近一倍，物價高昂，利息便由一角三升至一角九。（以上都是月息。）

如果物價波動稍少，那時期放比期是比較有利的，例如一萬元，放一年，利息一角三分半，便可以有本利四萬五千六百元。例如三十五年三月至八月，物價波動少，但利率約一角五，三月至八月五個月息，一元可變作二元三角一。

三十五年因爲物價上漲不烈，而利息甚高，可以說經營工商不如放利，利率平均爲一角五分，物價上漲約每月百分之十五。三十六年物價昇漲極快，利息一角五至二角，但物價上升每月百分之廿五，吃利息比囤貨是吃虧多了。許多人厭惡的高利貸，現在許多小有產者爲了保值，也不能不碌碌於存欵取息，儼然以高利貸者自居了。

三　買股票，套利息

吃利息，有倒帳的危險，放在小銀行錢莊危險，貸幫地下錢莊更危險。自三十五年多，工商不景氣以來，倒號破產，已不是丟人的事情。卅五年八達綢廠，拿了一筆生產貸欵數億元，次日便告倒號。倒號之後，至親好友，也不能向他討債了。

穩妥的股票保值

較之放利息穩妥的，便是買股票或者套利。

證券買賣的動機有三，一是儲蓄，買股票現貨，一種是投機，買賣現期貨，一種是套利。

普通一般人買股票是儲蓄的目的，因爲股票放在手頭，既不犯法，要賣出去，又易脫手，而股票價格又自動上升，無形中保值。

股票因爲是代表一個工廠的所有權，工廠的設備會增值，股票自然要增值，因此股票歷年來一直上漲。

股票市價比較表

	二八年	三四年十月	三五年九月	三六年三月	三六年十月（十五日）
永紗	九八	五九〇	七〇八（新股）	二、七一五	一八〇（新股）
美亞		四四〇	四、二六〇	六、〇八三	四九〇（新股）
新光		四五	三〇七	七四〇	三一（新股）
景福		三五	二六九	七五八	二四（新股）
會德豐（洋股）	一八	五、六〇〇	一七、六〇〇	五八、三三三	五三萬
怡和	一八	二、二五〇	八、九〇〇	一九、〇〇〇	一九萬

由以上可知股票價值上漲之劇。

證券交易所二月中旬所作統計，如以三十六年初開盤市價爲準（一〇〇），到二月中，上漲達二倍者甚多，統計如下：

三十六年春股票急漲表

股票	卅六年二月十五日指數
中紡	二〇〇

信和	二四一
榮豐	一七九
新光	三二五
景綸	二一〇
五和	二〇〇
中絲	一六三
大中華火柴	一九五
中國水泥	三六一
永安	二二一
國貨	一三七
永安	二七五
統益	一九五
中國內衣	二三〇
景福	二六一
勤興	三一六
美亞	二一一

新亞	二三四
華豐	四三五
九福	一五六
麗安	二三〇
商務	二四八

如果在三十六年初，買進股祟，二月中旬，便可以賺個對本以上利息。如果買華豐，則一萬元便可以變作四萬三千五百元。由此可見，股票長期來說，可以保本，短期來說還可以賺錢，倒不失爲中產階級保值的工具。以上都是每股價，向證券號經紀人買零股，十股百股，約數十萬元，倒是一般小市民能買的。

股票的投機辦法

買股票另一種動機是投機。即是說，並不準備把股票買來存起，而是隨時買進看漲，一漲便賣出。這種情形三十五年四月最盛，三十六年三月四月最盛。

要投股票的機，看漲，必須看準時間：凡是市場上物價波動甚少，生意不好做的時候，銀根鬆，大家便來買股票，或是各廠估值增資，加發股票的時候，那時股票便會猛漲。

三十五年的四月間，正是外匯市場開放，黃金被貝淞蓀壓住的時候。於是游資轉向市場，華股公債外股都猛一跳。

三十六年的三月間，因爲二月中旬緊急措施，黃金美鈔不准買賣，物價又不准漲，游資沒有出路，華股便猛烈上升。同時市場上又傳出宋子文去職的消息，工商界鬆一口氣，於是華股市場上投機的人陡然多了。

華股上升表（卅六年）

	二月三日	三月八日	五月二日
永紗	八六八	二、九〇〇	五、七三〇
美亞	二、三〇〇	七、一〇〇	二六、六八〇
新光	四五五	八八〇	
景福	三五八	八八〇	
永安	二三五	三九〇	二、七一五

在二月三日到三月八日一個月之間，華股上漲自一倍到三倍光景，這是駭人聽聞的暴利，趕漲風的人，已經不是買股票儲蓄，而是趕投機了。

此外，統一公債的買賣只能算作投機，不是投資，一百元票面的統一公債，市面上竟賣到八千至一萬四千元，這是因爲盛傳統債將按千倍還本。但若是不千倍還本，那就要虧蝕了。這種不穩健的做法，簡直就是賭博。

證券交易所開做遞延交割後，還有一種套利交易。那是大規模資金套利息的辦法，多半由銀錢業做，這也算是股票生息的辦法。

套利交易的做法

套利是利用現貨股票與期貨（遞延交割，約一週的便交）市價的不同，同時買賣，以套取利息。現在做遞延交的股票有永紗，信和，新光，華豐四種。（交易單位很大，華豐套利爲十萬股，其他爲五萬股）。

例如三十五年十二月二十六日永紗的行情如下：

現交六三〇

遞交六三五

中間差額約五元，如果我買進六三〇的現貨，賣出六三五的期貨，到期付欵，一星期內淨賺了五元，這便叫套利。

交易所後來爲套利的人，專設了幾個櫃，專做套利。有錢要放的人，可以買進現貨，賣出遞貨（期貨），取當中利息，這叫順套，市場上叫「貼進」。如果你需要資金，可以賣出現貨，買進遞貨，付一週的利息，這叫倒套，市場上叫「貼出」。

我們這裏談的是順套，順套者希望現遞交二者之間，市價差額越大越好，因爲利息越高。套利櫃前，叫價只叫差額，叫五元，八元　九元。如果叫定爲八元，而現交價永紗爲四五〇元，則遞交價爲四五八元。

但是另外在進行着的遞交現交價錢，要影響到套利行市。如果遞交爲四五六，現交爲四五〇，則套利市價比較多一點，四五八便可以成交。套利行市隨現遞差額轉。自三十五年十二月十二日證交開做套利以來，永紗的套利行市約自七、八元至三十餘元。

茲舉一個例子，說明套利交易：

某甲於週四委託經紀人，照三十元套利行市套入永紗五萬股，成交時，現交買進爲六百元，套利利益應依現交價六百元，遞交六三〇元計算：

現進永紗五萬股：

買價	三〇〇〇萬	
加經紀人佣金	九萬	（按千份之三算）
成本	三〇〇九萬	

遞出永紗五萬股：

賣價	三一五〇萬	
減經紀人佣金	九萬四千五	（按千份之三算）
減交易稅	一萬五千七百五	（按萬分之五算）
純賣價	三一三八萬九千七百五十元	

一周純利　　一二九萬九千七五〇元

$$合月息 \frac{1,299\ 750\times 30/7}{30,090,000} = 0.1851 = 18.51\%$$

即合月息一角八分餘。

實際上套利的利息并沒有如此之厚，普通約在一角左右。但在利息高漲時，它的利息也往往劇漲而超過之，例如卅六年十月利息高時，套利達二角餘。證券交易所套利，較之普通放欵可靠，因爲買賣都有證據金，虧贏天天有統計，不至於損失。套利買賣，便成爲銀行無法投資時，運用資金的一法。

縱觀華股，外股，性質都相仿，確是一般小有產者保值的一種工具。也是有錢人套利的工具，投機的工具。至於公債，不論統一公債，甚至現在發行的美金公債，都是不可靠的證券，投機賭博則可，投資保值，則太不可靠了。

自卅六年七月至十月股市，稍形盤旋。許多人做投機，都吃了虧。這是因爲各股增資以後，如永紗一變五十，信和一變十四，都使股票籌碼增加，不易立即上漲。本來按上半年的漲勢，股票超過物價，而下半年物價漲風發動，自然是物價先於股票，但在卅七年初，可能是股票再度上漲與物價看齊的時候。

四．買黃金作儲蓄

通貨膨脹之下，投機必定盛行。尤其是黃金、外匯，便成爲通貨保值最爲方便的工具。大概而論，內地人特別歡喜黃金，海岸人特別歡喜美鈔。這裏我們先來談談黃金。

買黃金作儲蓄的辦法

抗戰以前，黃金也有投機，那是小規模的，利用金銀之差額，外匯卽金，貨幣卽銀之間的差額，套取小利益。一般而論，除了國際市場金貴銀賤的影響之外，波動極少。法幣政策實施以後不久，抗戰爆發了。那時金銀都要歸國有，私人買賣黃金是違法的，於是黃金無買賣。後來國軍撤出上海，上海便有了黃金交易。大後方自民國卅二年起實施黃金政策，開始買賣黃金。隨着大後方法幣的通貨膨脹，和淪陷區中儲劵的通貨膨脹，黃金便成爲投機市場的標的了。

抗戰的第五年，卅一年，國民政府深知通貨膨脹甚烈，便想以黃金出售來收回一點通貨，當時國內自有黃金八萬一千七百十六兩，再加上美國貸欵中撥二億美金買了五百六十萬兩，便開始實施所謂黃金政策，自此便有黃金市場。

抗戰數年間，政府的黃金出售官價也不斷上漲，單自三十三年三月的官價二萬元到卅四年八月的官價十七萬元，計漲了九倍。

當時的黃金買賣，是由中央銀行委託中國農民和中國國貨兩銀行售出的。無論是誰，都可以去買，從一兩起到若干金磚為止。這叫黃金現貨。當時買了黃金現貨的人，沒有一個不賺了錢。

此外，還有黃金期貨和黃金存欵。

黃金期貨是卅三年十一月現貨賣光以後賣的，無定期，貨到即交，仍由中農，國貨售出，一直售到卅四年五月。

黃金存欵是卅三年八月起辦，售半年期的黃金期貨，一直賣到卅四年五月，存欵由四行兩局同時舉辦，而且在各大都市都可以存。

抗戰期間買黃金的人，是賺錢還是蝕本？是否能够保值？

凡是買現貨的人，無不賺錢，小者也可保值。例如卅三年初一萬六千元買進，到卅四年八月勝利前夕十六萬賣出，可以賺八倍至十倍，這比當時利息大一分，划算多了。即以抗戰勝利後回跌 八萬元官價，也漲了五倍，按大一分以上利息也是合算的。

凡是買期貨和黃金存欵的人，大半吃虧。買黃金的人，因為市面上黃金價錢稍高，去買政府的官價期貨和官價存欵，結果後來期貨久不兌現，買者先就吃了利息的虧。存欵半年不兌現，而且後來還宣佈黃金存欵征四成，結果是蝕了本。因為卅四年四月存的是三萬五千元，兌現後每兩黃金去掉四成，按官價十七萬計算，還有十萬元，本來還合算。但是卅四年八月抗戰一勝利，金價跌至八萬，扣掉四成，剩了四萬八千元，就合不上拆息了。

當時重慶的銀錢業無不染指黃金投機。中小有產者間，太太的私房，公務員的儲蓄，都拿來買黃金，其中最熱鬧的是卅三年和卅四年。卅三年正好是後方不景氣開始，貨物滯銷，工廠停工，各業資金都轉注黃金。卅三年黃金黑市由一月的一萬四千五百元，升至十二月的三萬六千六百元，卅四年黑市由一月的三萬六千元升至八月的十七萬元。

當時的黃金，也有二種做法，一是儲蓄，一是投機。儲蓄，我們已在上面說過，即是買進後，長期待漲，以保全購買力，完全合算。另一種是投機。

黃金投機熱

投機家在黃金交易上，着眼在暴利，假定他看準黃金可以漲百分之三十，他便敢借百分之二十（月利大二分）的本錢，去買一批黃金，以待漲價，賺這筆百分之三十的利潤。萬一是漲不到百分之十，他就算蝕了百分之十。銀行，貨幫，他們多半不是儲蓄者，而是投機家，因為他們是看準了漲價，借別人的錢來做生意的。投機近乎賭博，有時賺錢，有時蝕本。

戰時投機家，注意的是政府幾時調整官價。那時候黃金現貨無限制賣出，黑市價錢高不了多少，因此指望中央銀行加金價，投機家在黃金投機上，有幾次有聲有色的戰役：

卅三年六月底謠傳黃金加價，各行莊大量扒黃金。加價確有其事，但洩漏過早，官方索性把官價回挫一千元，許多銀行過不了脚，把黃金反吐出來，這次叫『中央銀行殺多頭』，是投機家失敗之役。

卅三年冬季，因爲政府停售黃金，許多投機家不信任政府馬上能運金子來，便大量扒進，果然，現貨不賣，賣期貨和存款，於是發生黑市，而且瘋狂上漲，大賺其錢。

卅四年三月廿九日，官價由二萬元，提到三萬五千元。許多投機家事先得到消息，拚命購進，或藉私人關係，去國家銀行補購，造成黃金案。其中買現貨的賺了錢，買黃金存款的因爲事發，統統退還。這場公案，直鬧了三個月，都沒有結果。

每次調整官價，都有些人投機中了，賺錢。大凡調整官價之前，買賣劇增，可見得官方有關的人，極易圖利。大概了解政府庫內虛實和各種作爲，有些關係的人，都賺錢，反之則吃虧，例如買黃金存款的人，便太相信政府信用，結果吃了虧。

淪陷期上海黃金投機

上海淪陷期間，也有黃金市場。因爲法幣不值錢，中儲券也不值錢，上海人爭買金子。到卅年太平洋戰爭後，敵人佔領上海，也實行黃金政策，卽從國內搬黃金來換取通貨以購買物資。這時敵人賣現貨，漢奸周佛海任財長，也發行金證券（類似後方存款，不過只一月期），雙管齊下。當時買黃金的市民還藉此保存了一點購買力。

上海黃金價格表（以每年十二月爲準，卅一年至卅四年中儲券爲準）

年代	金價
二十七年	一、九九九

二十八年	四、一三五
二十九年	六、〇三三
卅年	一三、二四九
卅一年	三一、四六一
卅二年	九五、八八〇
卅三年	七三〇、五七一
卅四年八年	三、〇〇〇、〇〇〇

上海的黃金投機，更爲盛行。投機家做的是期貨，仿照戰前金業交易所辦法，每月十五日交割掉期，金價按匯價結算，買賣期貨只繳證據金，這種投機可以使人暴富，也可以使人傾家蕩産。

勝利後的黃金投機

勝利以後，有一個短時期，大家幻想通貨膨脹會停止，物價會跌，黃金會跌。但是不到幾個月大家都知道受了騙，自卅五年春節後，黃金即領導物價上漲，這種情形，一直延續到卅六年二月初。

宋子文的黃金政策，是自認黃金量足，可以在通貨膨脹的情形下，抑住物價。黃金由中央銀行出售，通過二個系統，一是金號，一是銀樓。中央銀行是總批發，金號是分批發，銀樓才是零售。出售的方法一是明售給銀樓金號，一是委託同豐餘等金號銀樓共五家，在市場上祕密拋售。起初，卅五年三月間，中央銀行尚企圖釘住金價不讓動，後來便自知通貨膨脹之下勒不住的，轉而圖牽制，拖延金價上漲，暗拋任務即在與投機家鬥法。

卅五年三月間，上海中央銀行正式拋售以來，金價節節上漲。一年之間，上漲情形如下：

卅四年十月	五七四、七七〇
十一月	八二八、八八〇
十二月	七三一、三二四
卅五年一月	八五六、八四四
二月	一、四一三、七三九
三月	一、五六二、九一七
四月	一、七九〇、〇〇〇
五月	一、八二〇、〇〇〇
六月	一、九二〇、〇〇〇
七月	一、九四八、〇〇〇
八月	一、九九〇、〇〇〇
九月	二、一六〇、〇〇〇
十月	二、一七〇、〇〇〇

十一月	三、二〇〇、〇〇〇
十二月	三、六〇〇、〇〇〇
卅六年一月	三、九三〇、〇〇〇
二月	八、五〇〇、〇〇〇
二月十六日官價	四、八〇〇、〇〇〇

上漲的百分比，三十五年度據上海市政府統計室發表如下：

卅五年一月	一〇〇
二月	一六二
三月	一七六
四月	一七二
五月	一九五
六月	二一一
七月	二一四
八月	二三四
九月	二三六

十月	二四六
十一月	二九九
十二月	三五〇

黃金一年之內，上漲了三倍半，這合月利大二分以上。三十六年一月到二月，黑價由一月的三百三十五萬一條，漲至八百五十萬，約爲三倍弱，卽以官價收價四百八十萬爲準，亦漲了百分之六十，合月息大二分五以上。因此，黃金確是保值最好的工具了。

一般投機家做黃金，卅四年一年都不順利，因爲中央銀行的暗拋，以投機對投機，你要促金價漲，央行便拋壓。尤其是三十六年初春節前，一般謠傳中央銀行金盡，投機家大購，宋子文却把央行藏金孤注一擲，一天拋了五噸，把許多投機家都弄得破產，建國銀行及一些銀號因此關門。直到卅六年二月初，投機家看準了春節後游資多，一方面央行負責黃金政策的人可能與之勾結，探知了虛實，猛投一次機，結果大發其財，中央銀行坍了台。

禁止黃金買賣以後

政府二月十六日公佈的經濟緊急措施方案規定不准黃金買賣。對於大戶，這是失掉一個投機市場，對於中小下層，却也失去了一個保值的工具，但是，政府既然無力去收購黃金，也不能用黃金國有的辦法收集民間存金，則黃金仍然流通民間，黃金買賣自無法禁絕。因此，可以放心的是，黃金不愁賣不出去，也不愁買不進來。

據我的估計，美國買來的黃金有五百七十萬兩，中國原有八萬一千多兩，敵僞接受過來的六十萬兩，這都賣給民間，故約有六百四十餘萬兩。加上敵僞時期拋售的黃金及中國人祖傳黃金，目前中國人的藏金，總數約近千萬兩。

馬寅初氏呼籲，有黃金美鈔的不要賣出來，有其道理。現在政府黃金收價四百八十萬元一條，以美金合國幣一萬二千元計算，約四十美元。現在美國官價三十五元，實則運到墨西哥做成首飾運出口，約四十四元，到香港澳門約四十四到五十美元，印度等地金價尤高。將來中國金價至少在五十美元以上。卽使國內不能賣，以此改買外匯也合到五十美元。同時，政府根本無理無法禁絕金類交易，銀樓開放，便是零售開做的先聲。卅六年四月黑市又升騰到了官價二倍强。卅六年八月政府決定黃金收兌價爲合美金四十元，實在是低估，但無人肯將存金賣給央行。

黃金外匯逐漸代替貨幣作爲計算單位了，上海的房子頂費論金條，大交易亦論金條，外國房產，租金論美金，這都是法幣崩潰，失去貨幣機能的象徵。緊急措施對此嚴加禁止，但實際上是無效的。黃金這寵兒，將來不僅是保值的特種商品，而且是法幣崩潰後的代替通貨，雖然在今日投機市場上它還要對外匯，商品禮讓三分。

五　買外匯作投機

如果說黃金是內地人喜歡的保值工具，則外匯便是都市人的寵物。外匯較之黃金更爲吃香的是黃金還不能變外國貨，賺錢，外匯却能，因此外匯在通都大邑尤爲風行。但是外匯幷不是小有產者所能擁有的，因爲票面大，值錢，所以只是中上層，或是智識份子才能買的。

外匯是都市寵兒

外匯可以分幾種：一種是存在國外的存欵，或是存在紐約的美金存欵，或是存在倫敦的英鎊存欵，賣的人，開一張支票，你就取到存欵，自由運用。這種存欵大半是達官貴人才有。因爲這是大筆的，而且多是抗戰初期買下來的。或是做出口生意的人，賣下貨來存的欵子。這叫美金存欵，或叫美金匯票，數額必大。買的人，多爲巨富，或爲進口商人。一種是美鈔，太平洋戰爭以前的上海，美國人留下的美鈔不少流通市面，俗稱爲綠鈔，（因爲多是綠色印刷），太平洋戰爭後的重慶，因爲美軍來華，有小量流通。美鈔大量流市面，是勝利以後的事，因爲當時美軍數萬人駐防中國，政府爲了維持美軍高度生活水平，讓他們自賣美鈔，而且指定錢兌莊二百家代理兌換，結果大量美鈔在由平津上海青島使用出來，據說到現在尙有一億元流通民間。美鈔有大票小票之分，小鈔五元，十元，反而賣不起價錢，因爲太少了不頂用。一種是港票即是香港匯豐銀行的鈔票，俗稱紅票，港紙本有新舊港票之分，舊幣卽一九三〇發，較吃香，現在已一律看待。港鈔在淪陷後的上海流行，勝利後，香港工商繁華，代替上海成爲國際貿易中心，有英鎊作後盾的港鈔又逐漸吃得開了。一種是美金儲券和美金公債，均爲抗戰期間政府所發，美金儲蓄劵多半已兌出，美金公債還在抽籤發本當中，數量較少，現在上海已沒有流通，但是重慶現在還有美金公債的市價，大概因爲當時攤派到地方上去的緣故，其市價卅六年四月約值九千。

外匯投機與抗戰同時開始

抗戰一開始，便開始了外匯投機，那是買外匯匯票。那時候，外匯是自由買賣的，無論誰要買外匯都可以照賣，並以此表現法幣價値堅硬。政府外匯不够，便向英美商借外匯，維持十四便士的官價。從二十六年到二十七年賣出外匯很多，單在七七到八一三賣了七百五十萬鎊。後來開始外匯審核，於是有一個官價，有一個黑市，政府恐怕黑市跌得太兇，在上海仍由中中交農出面賣黑市使之跌得慢。這個時期，一般達官貴人紛紛購買外匯，一方面求保値，一方面爲異日寓公生活作準備。這個期間消耗的外匯總在四萬萬美金以上。這些人現在都發了大財，例如二十八年每百元換美金三元又八分之一，約卅元換美金一元，等於他的卅元，變成了現在的一萬二千元，加了一千五百倍，這是多大的利息！如果拿官價去買，三十年到卅四年，都是二十元換一美金，那更是利市百倍。不過，除了抗戰初期，這種購買外匯資金逃避極端自由外，後來就不行了。享受購買外匯特權的是大官僚大銀行家，憑藉一些政治關係，可獲核准，買便宜外匯。中央政府也以這便宜外匯來津貼黨官和黨報，以及林語堂一流文人。抗戰初期外匯投機成績很可觀，到太平洋戰爭前爲止，中國人在美國的存欵達三萬五千萬美金。

抗戰後期，重慶被封鎖了。那時候的投機集中在美鈔買賣，此外有美（公）債，美（儲）券，敵會金庫支票。最盛在卅三年和卅四年。

卅三年美金黑市表

	美鈔	美金公債	美金儲券
一月	八四	七〇	八二
二月	一三四	一三三	一四二
三月	二五五	一三五	一三五
四月	二三五	一二〇	一三一
五月	二一〇	一〇八	一二八
六月	二〇〇	一〇六	一四〇
七月	二〇四	一一〇	一三七
八月	二〇八	一一三	一二八
九月	二五五	一一五	一六五
十月	二九二	一三一	一九〇
十一月	六八〇	一五〇	四〇〇
十二月	六四五	一三〇	三三〇

外匯多由上海遷川的銀行做。

到卅四年更形猛漲，五月二十日美鈔七百五十元，六月初達一千元以上，八月間上漲至三千元。此外，當時還有一個教會聯合庫，每月出售一百萬美金，都是美金匯票，每年達千餘萬美金，教會美金匯票的價錢，僅比美鈔低五十餘元。

所有在戰時買美鈔的人，沒有一個不賺錢。自卅三年一月的八十四元到卅四年八月的三千元，上漲約四十倍。即以勝利後的『二〇二〇』低匯率估計，約漲廿五倍，其利潤之厚無比。不過買美金債券和儲蓄券的人，還是略吃小虧。美金儲蓄券，在戰時因爲美國凍結中國存欵，到期存欵不易取出，戰後中央銀行規定儲券到期如無正當用途，要賣還給他。美金公債也有相仿情形。

戰後的美鈔投機

抗戰勝利以後，上海投機的籌碼是美鈔，而不是美匯。按照中央銀行三十五年三月開放外匯辦法，防止美匯投機，進口必須貨到結匯，出口必須事先結匯，然後海關放行。這意思，便防止純粹的買美金匯票，外匯只准作貿易用。不過這般大官僚是否別有門路，逃避資金到美國去，則未可知，但一般小民是絕對無法買外匯匯票的了。可以公開做投機的，是美鈔港票。當時規定有二百家錢兌莊買賣美鈔，市民隨時可以買進賣出，許多人藉此保存了一部份購買力。

勝利以來美鈔港幣行市表（黑市）

	美鈔	港幣30年
三十四年九月	九〇〇	八五
十月	一、一〇〇	二九〇
十一月	一、三一五	三三〇
十二月	一、四三三	三二七
三十五年一月	一、六三〇	二五〇
二月	二、〇〇〇	三八五
三月	一、六〇〇	四三〇
四月	二、四七〇	四六〇
五月	二、三三〇	四二〇
六月	二、六五〇	五七五
七月	二、四九〇	五六〇
八月	三、三五〇	七一〇
九月	四、〇一〇	八一〇
十月	四、二〇〇	九一〇
十一月	四、九三〇	九六〇

十二月	六、四〇〇	一、二五〇

三十五年內，美鈔港幣的上漲，上海市府統計室作了一個統計如下：

月份	美鈔	港幣
三十五年一月	一〇〇	一〇〇
二月	一四〇	一四四
三月	一三七	一七六
四月	一四三	一七〇
五月	一五七	一七六
六月	一七五	一九七
七月	一七一	二三〇
八月	一九七	二六九
九月	二四二	三〇八
十月	二六二	三七三
十一月	三〇六	三八七
十二月	四〇一	四〇九

卅六年度上漲更速，即以二月份一二、〇〇〇官價而論，亦上漲一倍。由卅六年一月到十二月，

市價可能漲五倍，黑市價可能漲至一二、〇〇〇元的十倍左右。

由此我們可知卅五年美鈔投機者獲利甚厚，約爲本錢的三倍，利息達大二分以上。卅六年年初到二月十六日，即一個半月買美鈔者對本，合月利大四分以上。

美鈔黑市禁止得了嗎？

當局宣佈美鈔投機爲非法以後，上海經營黃金美鈔的錢兌業，迫於生計，仍有經營。中央社亦曾報導四川路橋附近錢兌莊大做美鈔黃金買賣，在美國海軍青年會門口，也有買賣，可見當局雖然捉了一個洋老虎馬斯伯（他開的公司，經營美鈔，集中外交易之大成），但是仍然禁不絕交易。

現在流通在中國的美鈔，約有一億，由於美軍減少，籌碼可能漸趨枯竭。央行一萬二千元的收價，到目前爲止，只收了一千萬美鈔，爲數不多。惟現在的美匯買賣似最吃香，數目較大，很賣得起錢，約高出百分之四十。一般大票或巨額美鈔亦易脫手，倒是小票零數少有交易。黑市外匯卅六年四月曾上越三倍，這是因爲「不需外匯，可以進口」的辦法，於四月中旬公佈了三天的緣故。依照目前外匯市價開放的情形看，將來外匯仍要看高。不過美鈔美匯今後小有產者已比較買不起了，可能是大官巨宦投機的籌碼了。

六　商品的投機與囤積

貨幣學的理論，告訴我們，當貨幣崩潰的時候，有一種由貨幣到商品的運動，即是有錢立刻變貨，不願意留錢貶值，而願意留貨保值。由錢變貨，即是商品投機，普通叫做囤積居　，或壟斷市價。

由錢變貨的運動

商品投機是民國廿九年開始的，首先是因爲紗布缺乏，價格奇漲，於是有人囤積居奇，價格本來上漲的商品，碰到囤積居奇，便越發上漲。不久以後，糧食也上漲了，囤積糧食的人更多。以後百貨五金，幾乎無貨不漲，法幣貶值的現象顯著。那時候銀行裏錢都不借出來了，囤貨就是。有一位記者問新開張的銀行經理：『你們最近預備做什麼業務？』經理指着後面山積的貨物說：『進了一批布！』有錢就借，借了就囤，囤了就發財，這是廿九年的經濟哲學。利息之提高也起自那時。卅年以後雖說囤積居奇要檢舉，並有經濟檢查隊隨時干擾，但是囤積居奇仍然技巧進行。一般大戶靠這錦上添花，大發國難財，小有產者也跟着買點肥皂、香烟、八卦丹、萬金油，阿斯匹靈、存在家裏保個本錢。直至卅三年後方開始不景氣，人民購買力低，貨物才停止直線上漲，這時候的囤積居奇，便要有眼光了。碰得巧，大賺錢，碰不巧便划不上拆息。

上海淪陷時的商品投機

淪陷以後的上海投機市場，又進行着轟轟烈烈的商品投機，下列幾種商品尤爲普遍的籌碼：㈠棉紗，以二十支雙馬廠單，四十二支藍鳳紗，做期貨現貨買賣。㈡棉布，以十二磅龍頭細布，和四君子嗶嘰二種，和各種陰丹士林爲多，在棉市場均做期貨現貨。

㈢糖精、奎甯，萬金油、八卦丹、鷓鴣菜，由西藥行賣出或買進。㈣捲烟，以大英牌老刀牌爲主，在市場買賣。㈤人造絲，以日貨一百廿號有光天橋牌人造絲做籌碼。㈥米糧，食油，豆餅，雜糧，都有人做，尤以米爲最，做米的投機家稱爲「米蛀虫」。在青黃不接時，便乘機扒高。由於淪陷區的僞中央儲備銀行通貨膨脹甚速，所以商品的投機最盛。

勝利以後物價再漲

抗戰勝利以後，有一度和平幻象，人民以爲通貨膨脹會停止，貨物跌價，通貨要値錢。運動的規律倒過來，由貨變成錢。可是三十五年春節，金價領導物價上漲，便打破了幻象，商品投機復熾。可是由於宋子文引進來大量美國貨，商品市場的上漲便曲折了，例如卅五年三月至八月，因爲低匯率二〇二〇，和中央銀行拋售黃金政策的影響，漲得很少。大概而論，三十五年的投機流年是：春節金價米價跳，春夏之交是華股跳，米糧跳，秋天是外匯外貨跳，冬天是金價美鈔物價齊跳。

三十五年的商品，由戰前的九百倍跳到戰前的五千七百倍，上漲約六倍。這比黃金漲三倍半，美鈔四倍，港幣四倍，華股二倍，還要高些。其中漲得最兇的是米麵糧食，漲了九倍，建築材料漲了十倍，燃料只漲三倍，纖維漲了三倍，金屬漲了六倍。米蛀虫大概都發財，但是做工業原料的工人，便一度大吃虧，後來價錢才好起來。

三十六

但自從三十六年二月初以後，商品漲勢便更猛了，這是因爲通貨膨脹更兇的緣故，

年二月的漲風

使全盤投機盛行。例如白粳一月二十七日是六萬九千元一擔，二月一日達八萬九千元，黑市越九萬元大關。薄稻米由六萬五千元，挺至八萬四，麵粉每包由三萬二千元升至四萬一，生油由十七萬六千元升至十八萬二千元，棉紗四十支藍鳳每大件由四百六十萬元，漲至五百十萬元，廿支雙馬由二百十八萬升至二百七十五萬，十二磅細布由十八萬八千元升至廿二萬二千元，捲烟大英牌由每箱二百四十萬升至二百五十五萬，美麗火柴每箱九十六萬元升至一百二十三萬元，固本皂十一萬四千升至十四萬五。十二日，白粳一度過了十四萬，廿支特雙馬達六百萬，十二磅龍頭細布過二十二萬二，兵船粉過五萬一千，生油過三十二萬，物價指數由戰前八千五百倍（二月三日）升至一萬二千九百倍（二月十一日），這一次物價上漲幾乎爲百分之五十，是全面的上漲。

三十六年四月的狂漲

二月十六日的經濟緊急措施，擒賊先擒王，把領導物價上漲的黃金美鈔統統禁止買賣，認爲從此物價可以相安無事。但是實際上，這很危險，因爲投機少了二條出路，可能都集中力量來弄商品，例如四月初物價的漲勢，便更澎湃了。

四月初物價上漲表

物品	三月底	四月前後	五月一日
食油（蔴生油）	廿五萬	四十萬	五十六萬
大豆	六萬	九萬	十八萬五

台灣中砂糖	廿二萬八	三十五萬	四十五萬
白粳	十萬九	十四萬四	廿四萬
白元	十二萬九	十六萬	廿八萬
四二支藍鳳	七百三十萬	九百二十萬	一千三百六十萬
二十支特雙馬	三百八十萬	五百三十萬	六百六十萬
12磅細布(ABCD)	十三萬七	十八萬	十八萬五
浦東火機（花）	三十九萬	六十萬	
白洛去（棉花）	八十一萬	一百十萬	

這次漲價，一般都超過百分之三十。而且市政府對於平抑物價的方策，多半是放寬限價，米便由十一萬逐漸放到十四萬，食油由廿五萬放到四十萬。由此可見，物價漲勢，已由從前的大漲小回，轉爲大漲小住，蓋小住後再漲也。

卅六年九月漲風

卅六年七月本卽醞釀漲風，因爲魏德邁來華，而見中止。八月十七日當局局部開放外匯市場後，物價卽開始上漲，而形成所謂九月漲風，迄十月上旬始告中止。

九月漲風是自八月第三週開始，至十月第二週而達最高峯。物價總指數（中國經濟研究所公佈）八月廿三日爲五三、五九〇倍，十月六日至十月十一日爲八八、七〇五倍，漲起百分之八十。其中化學品及燃料漲起一倍半，雜項，紡織品，金屬品漲漲起八成到九成，建築材料及食物漲起七成之譜。進口品之猛漲與當局對於自備外匯貨遲不放行有關，米糧紗的上漲與戰事劇化，物資益形缺乏有關。由此次漲風綿延之長，及漲風之普遍，商品尤其是日用必需品的上漲如此之，已可見物資缺乏的嚴重。

根據這次物價漲風判斷，今後的商品市場，將成為一切投機的中心標的，代替金匯而領導漲風。

商品投機可能更熾

據目前情形估計，三十六年度因為黃金美鈔被禁止買賣，不便公開投機以後，一般游資可能往商品投機，造成更猛烈的漲勢。而且現在中國外匯枯竭，中外貿易瀕於斷絕，外貨益貴，外國原料一貴，中國工業出品，如紗布（靠美棉）橡膠用品（靠南洋橡膠），五金電料（靠外國零件），火柴造紙捲烟化學工業等，依靠外貨原料，均將上漲。同時中國農產品受內戰消耗，供不應求，從豆麥雜糧一直到棉花等等，均將一一上漲。物資的缺乏，造成漲的可能，青黃不接之際，尤將為物價大漲的時機。

卅六年度的投機流年是：開春商品、外匯、黃金、華股都滿堂紅，二月至三月是華股跳，四月是米糧油紗領導跳，外匯也跳。六月因為魏德邁來華，流年不利，穩了一個多月。九月黃金外匯跳，十月物價大跳，年底可能又是商品股票金匯再來滿堂紅。自然其中魁首是商品，其次才是金匯，股票因時局不定漲度稍差。

商品投機，不比放拆息穩有進帳。尤其在物價波動較曲折時期，可能蝕利錢，甚至貼老本。因此這就需要一點市場眼光。上海商人按季節的循迴，貨物的暢銷時令，編排一個市場的動向表。此外又有經濟報紙，以統計表格的方式，製作物價走勢表，華股走勢表，外股走勢表，黃金美鈔走勢表，以作觀測市場動向的參考。同時又多方察探市場消息。也有人，把握住漲價平衡律，看甲物上漲，估計乙物即將扯上去。這種投機，愈能把握市場的供求動向，愈能操必勝之券。大投機家有時以自己雄厚的資力，人工製造漲勢，這便叫壟斷市價了。這種人稱之爲『米蛀虫』，『油耗子』，『紗老虎』，殺之人人稱快。

小市民的生意經，便令人同情而發笑了。許多小市民買些肥皂，香烟在家裏，有時發霉而損失，有時因爲不識貨而受騙。他們沒有倉庫，可以保存，出售時又受承購商店的勒壓。有一個朋友，從香港帶萬金油到上海，才知道他看的是零售價，上海批發價更低，吃了一個虧。這一切都因商人欺生而起。爲保值而做生意的市民，穩健一點，多半買米店的米單（現在禁止了），買棉紗市場的小件紗布，或是貴重西藥。其貨物大致必須合乎二個條件：一是容易保存，件小不易霉壞，一是容易脫手，必須是『熱』的。

投機是通貨膨脹的孿生弟兄。愈是貨幣貶值，投機愈甚；投機愈甚，貶值愈速。投機熾烈的時候，又是通貨崩潰的時候，因爲這證明了這種貨幣已不適宜於貯藏，而且也不適宜於計值，這便是通貨膨脹末日的象徵。